INSTITUTO JACOB DO BANDOLIM

Apresenta

Caderno de Composições de Jacob do Bandolim
Vol. 2

Obra completa revisada, incluindo partituras inéditas

Nº Cat.: 332-A

Irmãos Vitale Editores Ltda.
vitale.com.br
Rua Raposo Tavares, 85 São Paulo SP
CEP: 04704-110 editora@vitale.com.br Tel.: 11 5081-9499

© Copyright 2011 by Irmãos Vitale Editores Ltda. - São Paulo - Rio de Janeiro - Brasil.
Todos os direitos autorais reservados para todos os países. *All rights reserved.*

Ficha técnica

Direção musical, transcrição e harmonização: Marcílio Lopes
Coordenação geral: Pedro Aragão e Sergio Prata
Consultoria de repertório: Déo Rian
Harmonização: Luiz Otávio Braga, Maurício Carrilho e Paulo Aragão.
Revisão de texto: Marcos Roque
Projeto gráfico: Fabiana de Almeida Pires e Roberto Votta
Produção executiva: Fernando Vitale
Realização: Instituto Jacob do Bandolim
Apoio: Museu da Imagem e do Som do Rio de Janeiro

Agradecimentos

Alessandro Valente, Alexandre Loureiro, Aline Silveira, Anna Paes, Bia Paes Leme, Bruno Rian, Cristovão Bastos, Egeu Laus, Ermelinda Paz, Hermínio Bello de Carvalho, Humberto Araujo, Izaias Bueno de Almeida, João Pimentel, Lucia Romano, Marcio Almeida, Rogerio Souza, Rosa Maria Araujo, Sergio Cabral, Toni 7 Cordas e Instituto Moreira Sales.

Dedicatória

Elena Bittencourt nos deixou em meio aos preparativos do lançamento desta coleção, fazendo-nos órfãos da sua ilimitada dedicação à obra de seu pai e ao choro. Por quase dez anos Elena dirigiu o Instituto Jacob do Bandolim com grande carinho e com a firmeza necessária para que nossos objetivos fossem alcançados. Sem dúvida, era filha de Jacob.

Ano após ano foram sendo realizados: o show *Ao Jacob, seus Bandolins*, com seus premiados CD e DVD; a *Coleção Todo Jacob*, reunindo todas as gravações de seu pai; o álbum de partituras *Tocando com Jacob*; o CD *Inéditos de Jacob do Bandolim Vol. 2*, que recebeu o Prêmio Petrobrás/Rival; os shows por todo o país e a digitalização dos 200 rolos magnéticos e das 6.000 partituras reunidas por nosso patrono, esses em parceria com o MIS-RJ.

Elena estava muito feliz por mais este singelo presente dedicado aos músicos brasileiros e vai transbordar de alegria quando souber, lá em cima, que esse *Caderno de Composições*, com a obra completa de seu pai, é dedicado a ela.

Instituto Jacob do Bandolim
Rio de Janeiro, agosto de 2011

CIP-BRASIL. CATALOGAÇÃO NA FONTE
SINDICATO NACIONAL DOS EDITORES DE LIVROS - RJ.

C129
v. 2

Caderno de composições de Jacob do Bandolim, vol. 2 : obra completa revisada, incluindo partituras inéditas / Instituto Jacob do Bandolim apresenta. - São Paulo : Irmãos Vitale, 2011.
138p.

ISBN 978-85-7407-345-3

1. Jacob, do Bandolim, 1918-1969. 2. Bandolim - Métodos. I. Instituto Jacob do Bandolim.

11-6067.   CDD: 787.84
                            CDU: 780.614.11

14.09.11   23.09.11   029829

Apresentação

O Instituto Jacob do Bandolim (IJB), fiel à filosofia de seu patrono, de pesquisa, preservação e disponibilização de arquivos da música brasileira, tem a honra de apresentar, em parceria com o Museu da Imagem e do Som do Rio de Janeiro (MIS-RJ), o *Caderno de Composições de Jacob do Bandolim*. Este trabalho, fruto da dedicação de uma equipe de estudiosos do choro, reúne a obra completa do nosso mestre das cordas, inclusive composições inéditas, descobertas durante o processo de identificação e catalogação de suas partituras.

Jacob, ainda iniciante no meio artístico, estreou como compositor em 1939, aos 21 anos, compondo letra e música do samba "Se alguém sofreu", gravado por ninguém menos do que Aracy de Almeida que, na época, dividia com Carmem Miranda o lugar de maior destaque entre as cantoras brasileiras. O curioso é que Jacob nunca mencionou em seus depoimentos ou entrevistas essa láurea.

Mas o Jacob dessa fase, que ainda nos brindou com "Inocência" e "Foi numa festa", compostos, segundo Elizeth Cardoso, para emoldurar suas primeiras conquistas amorosas, foi amadurecendo e sofisticando seu processo criativo sem nunca ter perdido, entretanto, "a forma pura do choro", como dizia Lúcio Rangel.

Embora fosse um melodista refinado, Jacob costumava trocar a palheta pela máquina de escrever, onde registrava suas letras – muitas das quais residiram durante décadas em uma caixinha de papelão na casa de sua filha Elena –, entre elas, a sua versão poética para o choro "Ingênuo", de Pixinguinha.

Apesar de ter sido um chorão compulsivo, o Jacob compositor não se prendeu só a esse gênero, tendo composto também valsas, sambas, frevos, polcas, partidos-altos, *schottischs* e mazurcas, além dos gêneros coquinho e ponteado.

Radamés Gnattali, o genial maestro, disse certa vez, ao se referir a Jacob, "muitos tocam bandolim, Jacob toca Jacob". Assim, em poucas palavras, conseguiu sintetizar o estilo de interpretação que deu forma à principal escola do bandolim brasileiro. Do mesmo modo, após vasculhar este prazeroso material, você poderá afirmar, parafraseando Radamés, que "Jacob compõe Jacob".

Sergio Prata

Meu samba é meu lamento

SAMBA

Letra de
Ataulpho Alves
(DA S.B.A.T.)

Musica de
Jacob Bittencourt
(DA S.B.A.T.)

Gravado em disco
VICTOR
por SYLVIO CALDAS

EDIÇÃO Sbat
DISTRIBUIDORES
VIUVA GUERREIRO E CIA - RIO

PREÇO 3$000
S.B.A.T. N.º 29

Diretrizes Adotadas

As fontes utilizadas na compilação deste *Caderno de Composições de Jacob do Bandolim* foram gravações (comerciais e do acervo particular do autor) e manuscritos dos acervos do Instituto Jacob do Bandolim, do Museu da Imagem e do Som do Rio de Janeiro e do Instituto Moreira Salles (IMS).

Nos casos das composições registradas em disco pelo próprio Jacob, tais gravações foram consideradas como documento básico para a confecção das partituras, e mesmo nos casos em que havia um manuscrito daquela obra, as partituras finais foram ajustadas para refletirem sua forma final em disco, por vezes se afastando um pouco das anotações iniciais do autor e de seus copistas. Nos casos dos choros gravados mais de uma vez, priorizou-se a representação da primeira gravação. Talvez você repare, por exemplo, que em "Benzinho" (incluída no vol. 1), a grafia aqui – referente à gravação de 1955 – é um pouco diferente daquela registrada no álbum *Tocando com Jacob*, primeiro livro editado pelo IJB em parceria com a Editora Irmãos Vitale, no qual os registros fonográficos são de 1961.

Buscou-se na harmonia (cifras) uma aproximação com as gravações originais, registrando as conduções do baixo e as "baixarias" mais significativas. Pequenas diferenças no uso de tensões nos acordes refletem individualidades na abordagem de cada harmonizador e foram consideradas pertinentes na medida em que o próprio Jacob utilizava arranjadores e formações diversas, além daquela mais tradicional do regional. Critérios pessoais também se refletem na forma como foram harmonizados os manuscritos sem referência de áudio.

Quanto à forma, optou-se, na maior parte das vezes, pela repetição tradicional das rodas de choro (AA-BB-A-CC-A, por exemplo, para os choros de três partes), embora, nas gravações, Jacob optasse por não repetir uma parte ou outra, geralmente em função do tempo da faixa no disco.

Os andamentos aproximados foram medidos nas gravações e são indicados no início de cada peça. Para composições sem registro gravado, optou-se por colocar uma sugestão de andamento entre colchetes.

Em "Estímulo nº 1" (incluída no vol. 1), não foi possível determinar a que se referem as indicações numéricas no manuscrito. Parecem indicar, para a facilidade do estudo, uma possível fragmentação da peça em seções menores.

As anotações de data e dedicatórias nos manuscritos originais do autor foram transcritas entre aspas ao final de cada obra. Informações complementares, consideradas relevantes pela equipe de trabalho, foram colocadas na forma de observações.

Para os choros que tiveram registro com o violão tenor ou o vibraplex, optou-se por apresentar duas versões: uma em Fá (transposta uma 5ª acima), que deverá ser lida no instrumento tenor, e uma segunda versão apresentada sem transposição, que poderá ser utilizada pelo bandolim ou por qualquer outro instrumento em Dó.

Para as composições com letra, optou-se pela colocação dos versos sob a linha melódica. Em algumas delas não registradas em disco, os manuscritos apresentavam somente a linha melódica com os versos destacados do corpo das partituras. Nesses casos, a escansão apresentada deve ser encarada como uma proposta: em alguns pontos restaram duas ou mais sílabas por nota, em outros, ocorreu o contrário. Uma proposta de redivisão rítmica é apresentada em casos julgados pertinentes. Aqui, também, a forma da canção é apresentada sem grandes elaborações, em geral, com uma indicação simples de retorno *da capo*.

No caso de "Valsa" (incluída no vol. 1), a presença de Valdo Abreu na parceria indica a provável existência de letra para a melodia de Jacob. Esses versos, contudo, não foram localizados.

Marcílio Lopes

Eterno defensor do gênero, ele procurou modernizá-lo sem, entretanto, descaracterizá-lo. Sem abrir concessões para as pressões do mercado, preservou a maneira tradicional de se tocar o choro. Além de admirável músico e compositor, Jacob foi um pesquisador incansável. Seu arquivo permanece até hoje como fonte indispensável de pesquisa. Pesquisa agora enriquecida pelo lançamento deste *Caderno de Composições de Jacob do Bandolim*, produzido pelo Instituto Jacob do Bandolim.

Déo Rian (bandolinista)

A presença de Jacob se faz sentir neste árduo trabalho de compilação de toda a sua obra. Até mesmo o "Estímulo nº 1", que se trata de um "exercício de digitação, palhetada e leitura na 1ª posição do bandolim, composto, especialmente, para o neurobandolinista, dr. Arnoldo Velloso da Costa" não foi esquecido. Parabéns ao pessoal do Instituto Jacob do Bandolim e a todos que se empenharam na sua revitalização!

Izaias Bueno de Almeida (bandolinista)

O grande mestre do choro, Jacob do Bandolim, além de gênio de seu instrumento, foi um dos maiores compositores da história da música brasileira. Personalidade marcante, artista comprometido com seu tempo, sempre demonstrou preocupação com o legado que deixaria para as futuras gerações de músicos. Por isso, sua proximidade com o Museu da Imagem e do Som do Rio de Janeiro, criado em 1965, foi tão profunda, que ele o considerava a sua segunda casa. Em 1968, ao organizar e participar do antológico show ao lado de Elizeth Cardoso, Zimbo Trio e Época de Ouro, efetivou o selo MIS. Jacob não apenas convenceu os participantes a doarem seus cachês, como ainda pagou pelo seu próprio ingresso. Um ano depois, ao morrer, em 13 de agosto de 1969, ele foi velado na sede do MIS da praça XV e, em seguida, seu acervo, o maior do choro brasileiro, com mais de 10 mil itens, foi doado ao museu. Por essa relação afetiva com Jacob, o MIS, vinculado à Secretaria de Estado de Cultura, sente-se orgulhoso por poder contribuir com o Instituto Jacob do Bandolim no lançamento desse primoroso *Caderno de Composições de Jacob do Bandolim*.

Rosa Maria Barboza de Araujo

Presidente do Museu da Imagem e do Som do Rio de Janeiro

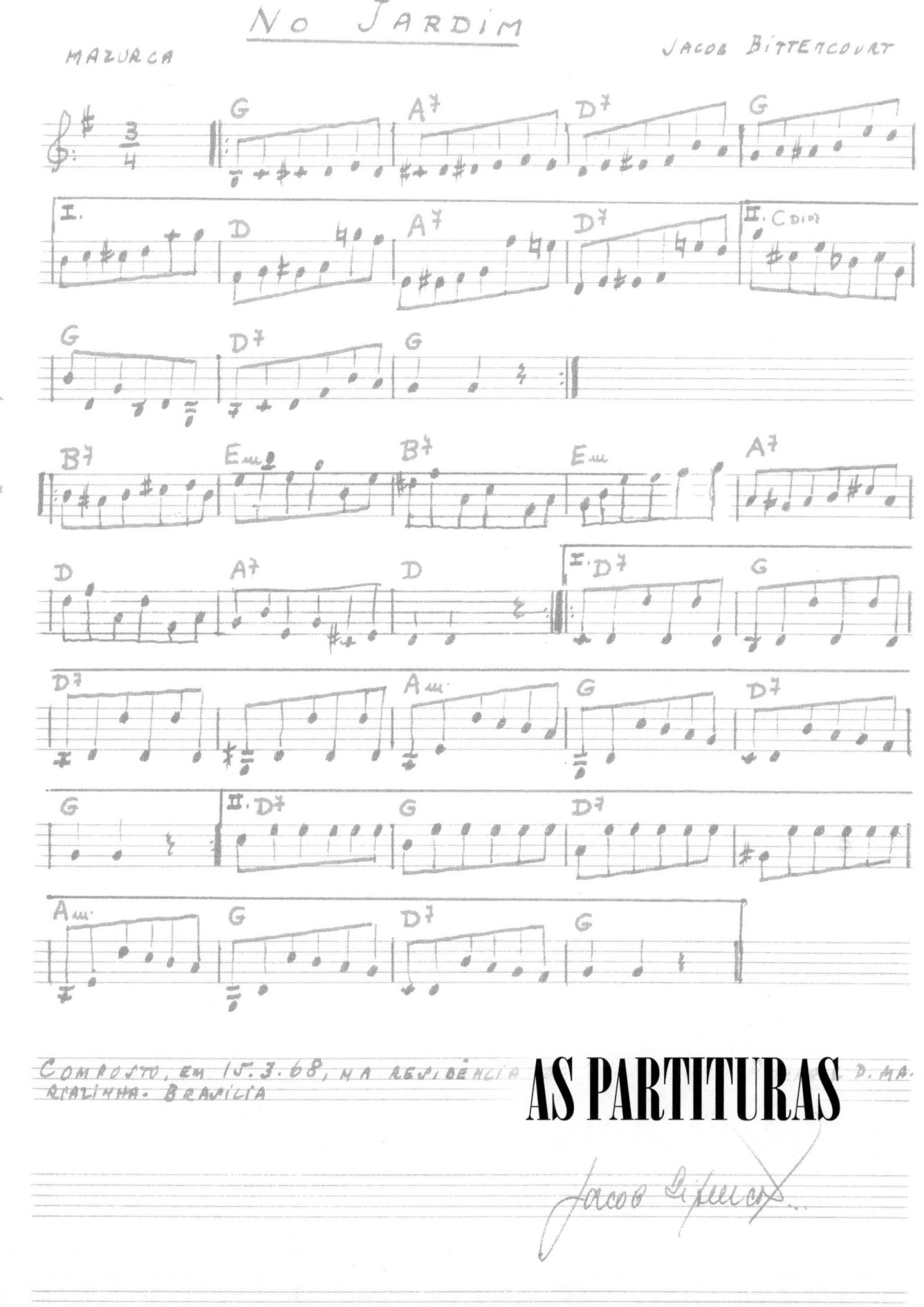

Partitura manuscrita por Jacob do Bandolim (datada em 15.3.68)

Índice das Partituras

1.	Alvorada	10
2.	Ao Quaresma e ao Mauro	12
3.	Assanhado	14
4.	Bisbilhoteiro	16
5.	Bola preta	18
6.	Buscapé	20
7.	Chinelo velho	22
8.	Chorinho na praia	24
9.	Chuva de estrelas	26
10.	Ciumento	28
11.	De coração a coração	30
12.	Doce de coco	32
13.	Dolente	34
14.	Elena	36
15.	Entre mil...você!	38
16.	Eu e você	40
17.	Feia	42
18.	Feitiço (choro) (em Fá)	44
19.	Feitiço (choro) (em Dó)	46
20.	Há nos olhos teus paisagem linda	48
21.	Heróica	50
22.	Implicante	52
23.	Isto é nosso	54
24.	Já que não toco violão	56
25.	La duchesse	58
26.	Lembranças	60
27.	Luar no arpoador	62
28.	Maxixe na tuba	64
29.	Meu segredo	66
30.	Mexidinha	68
31.	Mimosa (polca)	70
32.	Mimoso	72
33.	Minha saudade	74
34.	Mulher vaidosa	76
35.	No retiro do João	78
36.	Nosso romance	80
37.	Novos tempos	82
38.	Orgulhoso	84
39.	Para encher tempo	86
40.	Pensando em você	88
41.	Pérolas	90
42.	Por que sonhar?	92
43.	Pra você	94
44.	Primas e bordões	96
45.	Quebrando o galho	98
46.	Remeleixo	100
47.	Reminiscências	102
48.	Sai do caminho	104
49.	Saltitante	106
50.	Santa morena	108
51.	Sapeca Iaiá	110
52.	Saracoteando	112
53.	Saudade (em Fá)	114
54.	Saudade (em Dó)	116
55.	Sempre teu	118
56.	Sereno	120
57.	Simplicidade	122
58.	Treme-treme	124
59.	Um bandolim na escola	126
60.	Vascaíno	128
61.	Velhos tempos	130
62.	Vibrações	132
63.	Vidinha boa	134
64.	Vigília	136

Relação das Obras Incluídas no Volume 1

1. A ginga do Mané (em Fá)
2. A ginga do Mané (em Dó)
3. Adylia
4. Ao som dos violões
5. Baboseira
6. Benzinho
7. Biruta
8. Boas vidas
9. Bole-bole
10. Cabuloso
11. Carícia (em Fá)
12. Carícia (em Dó)
13. Choro de varanda
14. Chuva
15. Consciência
16. Cristal (em Fá)
17. Cristal (em Dó)
18. De Limoeiro à Mossoró
19. Diabinho maluco
20. Encantamento
21. Estímulo nº 1
22. Falta-me você
23. Feitiço (valsa)
24. Foi numa festa
25. Forró de gala
26. Gostosinho
27. Helena
28. Horas vagas
29. Inocência
30. Jamais
31. Jeitoso
32. Longe dos carinhos teus
33. Mágoas
34. Maroto
35. Meu lamento (Meu samba é meu lamento)
36. Meu viveiro
37. Migalhas de amor (em Fá)
38. Migalhas de amor (em Dó)
39. Mimosa (valsa)
40. Nego frajola
41. No jardim
42. No teatro d'alma
43. Noites cariocas
44. Nostalgia (em Fá)
45. Nostalgia (em Dó)
46. O vôo da mosca
47. Para eu ser feliz
48. Pateck cebola
49. Pé de moleque
50. Preciosa
51. Primavera
52. Receita de samba
53. Rua da Imperatriz
54. Saliente
55. Salões imperiais
56. Sapeca
57. Se alguém sofreu
58. Tatibitate
59. Ternura
60. Toca pro pau
61. Vale tudo
62. Valsa
63. Velhos amigos

Alvorada

Choro

Jacob do Bandolim

obs: inspirado no canto de seu passarinho Nego.

Ao Quaresma e ao Mauro

Valsa — Jacob do Bandolim

*"20 / 09 / 65 - Em casa
Ao Quaresma e ao Mauro (para violão)"*

Assanhado

Jacob do Bandolim

Samba

obs: composto a partir de um improviso do violonista Carlinhos Leite, em Paquetá, na casa do amigo Medrado.

Bisbilhoteiro

Choro
Jacob do Bandolim

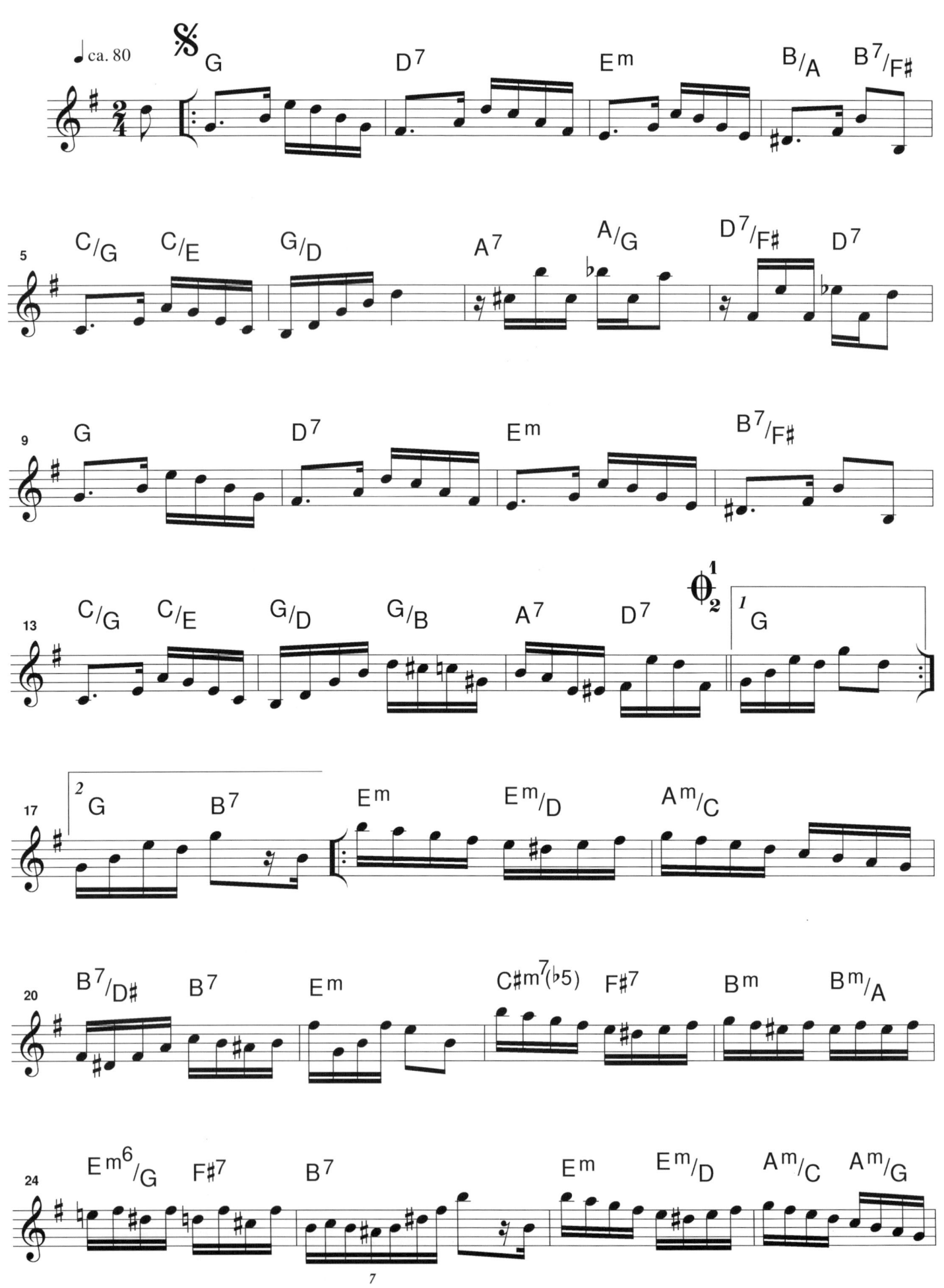

Bola preta

Choro
Jacob do Bandolim

obs: dedicado ao Cordão do Bola Preta.

Buscapé

Frevo Jacob do Bandolim

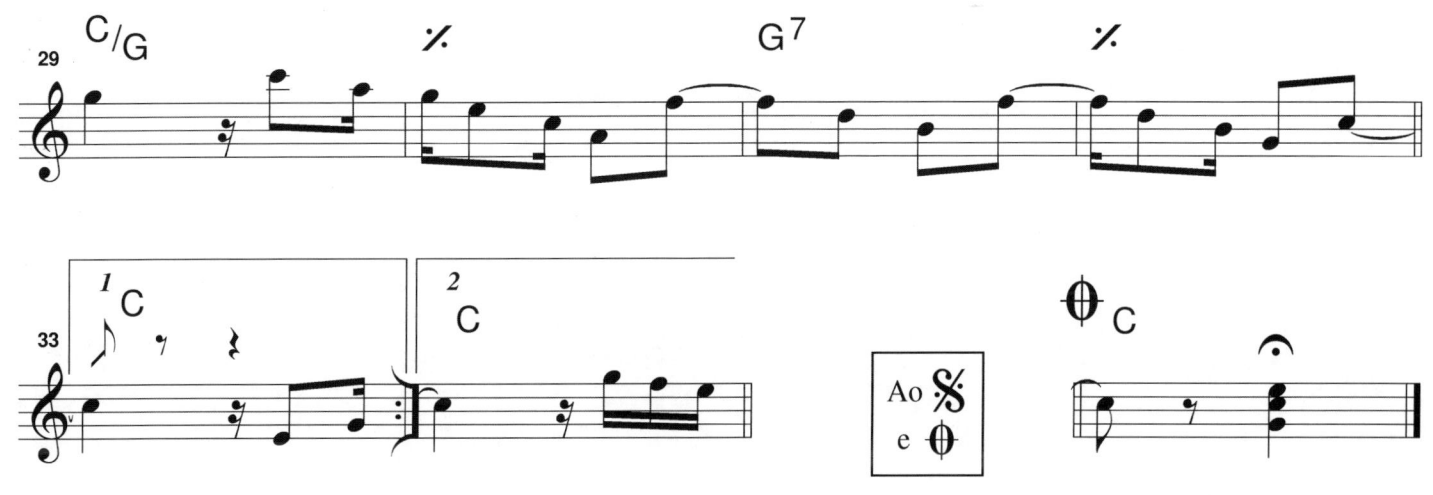

Chinelo velho

Choro
Jacob do Bandolim

" Comp. em 22 / 11 / 49 manhã"

Chorinho na praia

Choro

Jacob do Bandolim

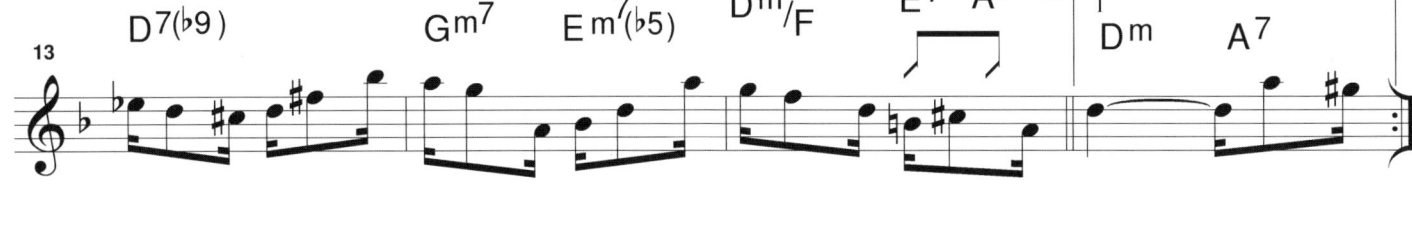

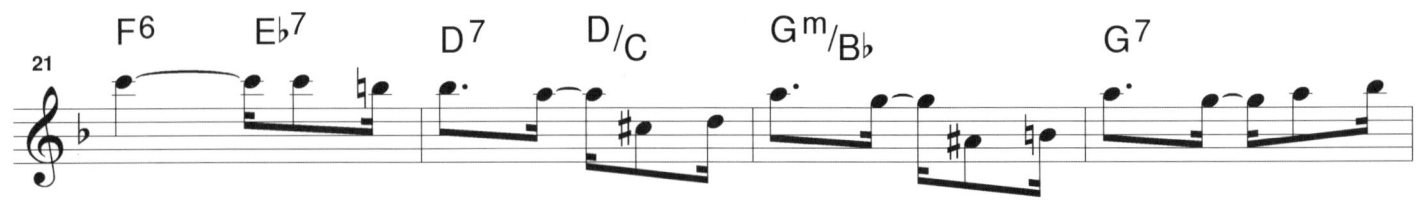

Copyright © 1978 by UNIVERSAL MUSIC PUBLISHING MGB BRASIL LTDA

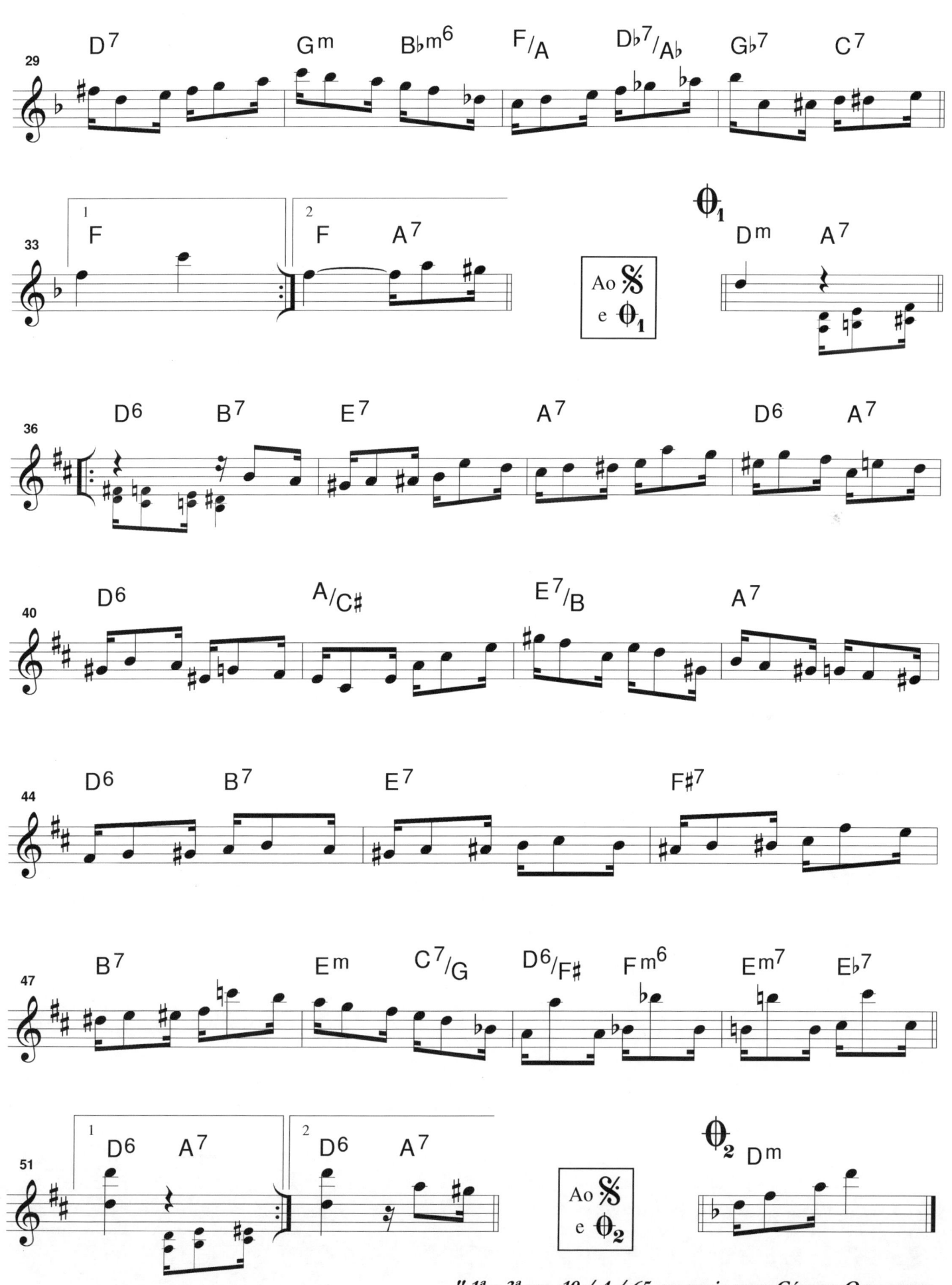

Chuva de estrelas

Valsa

Amador Pinho
Jacob do Bandolim

Ciumento

Choro
Jacob do Bandolim

De coração a coração

Jacob do Bandolim

obs: dedicada ao cardiologista Dr. Luciano Vieira.

Doce de coco

Choro — Jacob do Bandolim

Dolente

Choro
Jacob do Bandolim

Elena

Valsa   Jacob do Bandolim

Copyright © 1978 by UNIVERSAL MUSIC PUBLISHING MGB BRASIL LTDA

obs: dedicada a sua filha Elena Bittencourt.

Entre mil... você!

Choro

Jacob do Bandolim

F6
F7 E7 E♭7 D7
D/C
G7/B
G7
B♭m6/D♭
C7
Cm6/E♭
D7
Gm7
B♭m6/D♭
F6/C
B°
Gm/B♭
G7/B
C7
F6
F7 E7 E♭7 D7
F6
Am7/E
Gm7/D
C7
D C
e
B♭m6/D♭
C7
rall
F6
ad libitum
F7M

Eu e você

Choro

Jacob do Bandolim

35 G6 F♯7/A♯ Am D7 G6
40 A7 D7 D7(♯5) B7 B/A
45 Em/G B7/F♯ Em A7/C♯ A7 Cm6
50 D7 G6 F♯7/A♯ Am D7
55 G6 G7 C/E Cm6/E♭
60 Cm6 G6/B E7 Am7 A7/C♯ D7
65 1 G E7 A7 D7 2 G G♯7 A7
Ao 𝄋 e 𝄌
69 B♭7 A7 D6 D6

Feia

Valsa

Jacob do Bandolim

58 A7 D F#7/C# Bm7 C Bm7
64 G#° F#7 Bm 1 Bm 2 Bm
Ao e
68 D D7/A G#° D7/A D7 G
74 G/B Bb° D7/A G#° D7/A
80 D7 G Dm6/F E7 Am Gm/Bb
87 B7 B/A Em/G Em Bb°
93 G/B G D7/A D7 1 G6 G#°
99 D7/A G#° 2 G6 A7
Ao e
103 E7 A7 D D

Feitiço

Choro
Jacob do Bandolim

Versão - F
♩ ca. 86

A7/C♯ ⁒ Dm ⁒
Dm6 ⁒ Am6 ⁒ B7
⁒ E7 ⁒ E7
E/D Am/C Am A7/C♯
⁒ Dm ⁒ Dm6
⁒ Am6 ⁒ B7
E7 Am 1 ⁒ 2 Am G7
Ao 𝄋 e 𝄌
G7 C6 C7M

Feitiço

Choro   Jacob do Bandolim

D7/F♯
Gm
Gm6
Dm6
E7
A7
A7
A/G
Dm/F
Dm
D7/F♯
Gm
Gm6
Dm6
E7
A7
Dm
Dm C7
Ao
e
C7
F6
F7M

Há nos olhos teus paisagem linda

Valsa

Jacob do Bandolim

[♩ ca. 144]

35 E7 E/D A/C# C° Bm7
40 E7 D°/A C#7/G# F#m G#7(b9)
45 C#7 F#m A#° E7/B A#°
50 E7 A G° D6/F# D6 B7
56 A° E6/G# B7/F# E7 E/D A/C#
62 F#m Bm7 E7 1 A A
67 2 A A
Ao e
D D

Heróica

Schottisch

Jacob do Bandolim

obs: composta em 1966, na casa de Napoleão de Oliveira,
um dos fundadores do Rancho Ameno Resedá.

Implicante

Choro

Jacob do Bandolim

30
D♯°
Em
Em Em/G
35
Bm/F♯
F♯7
1 Bm
2 Bm A7
Ao 𝄋 e 𝄌1
𝄌1
39
D
D7 D7(♯5)
G
G7 G7(♯5)
43
C
Am D7
G
D7/A
47
G
D7 D7(♯5)
G
G7 G7(♯5)
51
C
C♯°
B♭°
G°
G E7 Am7 D7
55
1 G
2 G
Ao 𝄋 e 𝄌2
𝄌2
D
58
D
Em
A7
D

Isto é nosso

Choro

Jacob do Bandolim

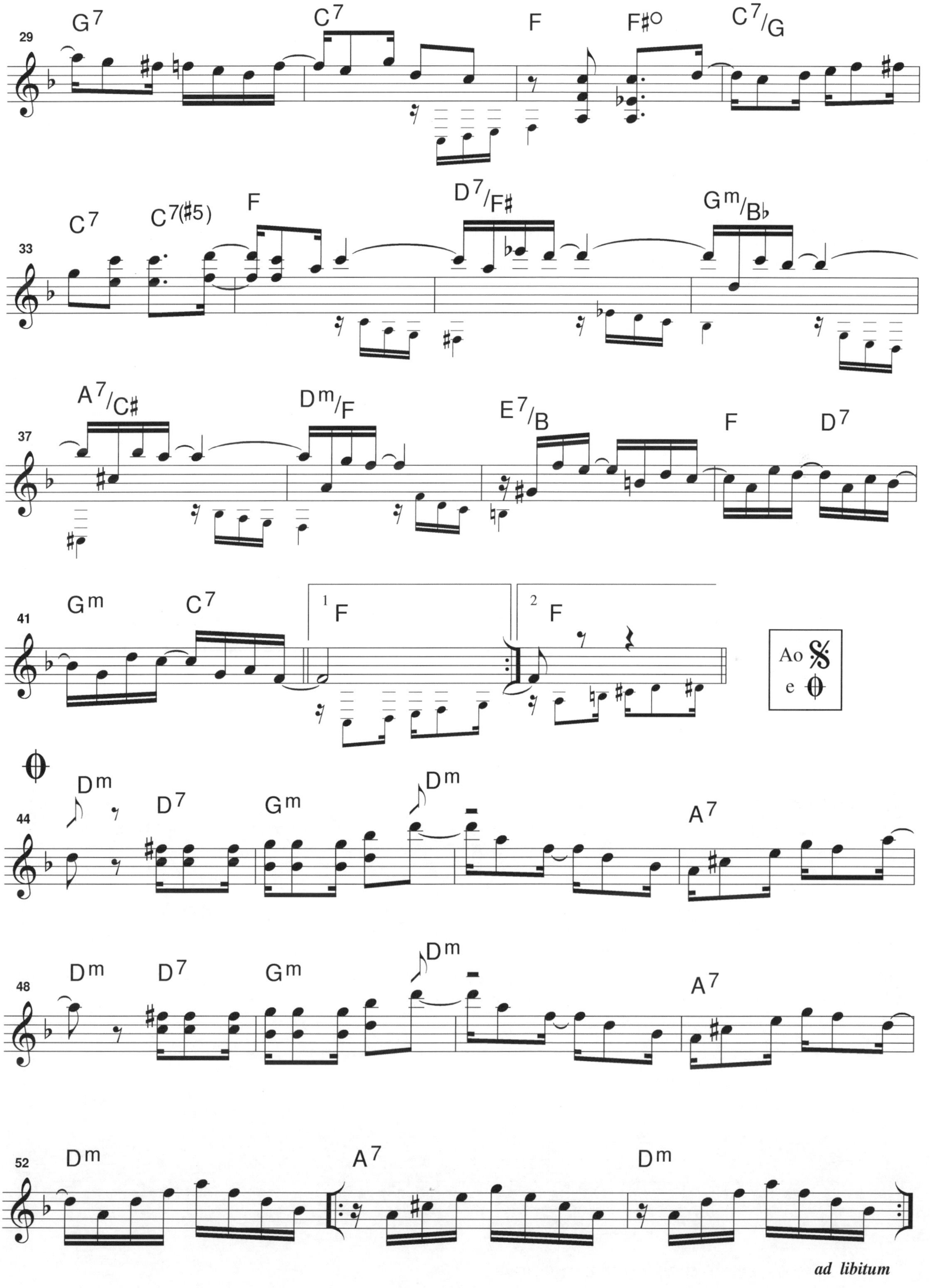
29 G7 C7 F F♯○ C7/G
33 C7 C7(♯5) F D7/F♯ Gm/B♭
37 A7/C♯ Dm/F E7/B F D7
41 Gm C7 1 F 2 F
Ao 𝄋 e 𝄌
44 Dm D7 Gm Dm A7
48 Dm D7 Gm Dm A7
52 Dm A7 Dm
ad libitum

Já que não toco violão

Choro

Jacob do Bandolim

28
Bm7(♭5) G#○ A/G B♭○ Dm/A Fm6/A♭ C/G
32
A♭7 G7 1 C 2 C
Ao 𝄋 e Φ1
Φ1
35
Am A/C# C○ Bm E7 E/D
39
A/C# F#7/A# Bm B7
43
E7 A/C# C○ Bm C#7
47
F#7 E○ D A E7
51
1 A 2 A
Ao 𝄋 e Φ2
Φ2 Am

La duchesse

Valsa

Jacob do Bandolim

" A D. Vicentina Mendes Machado
Dez / 67 "

Lembranças

Choro

Jacob do Bandolim

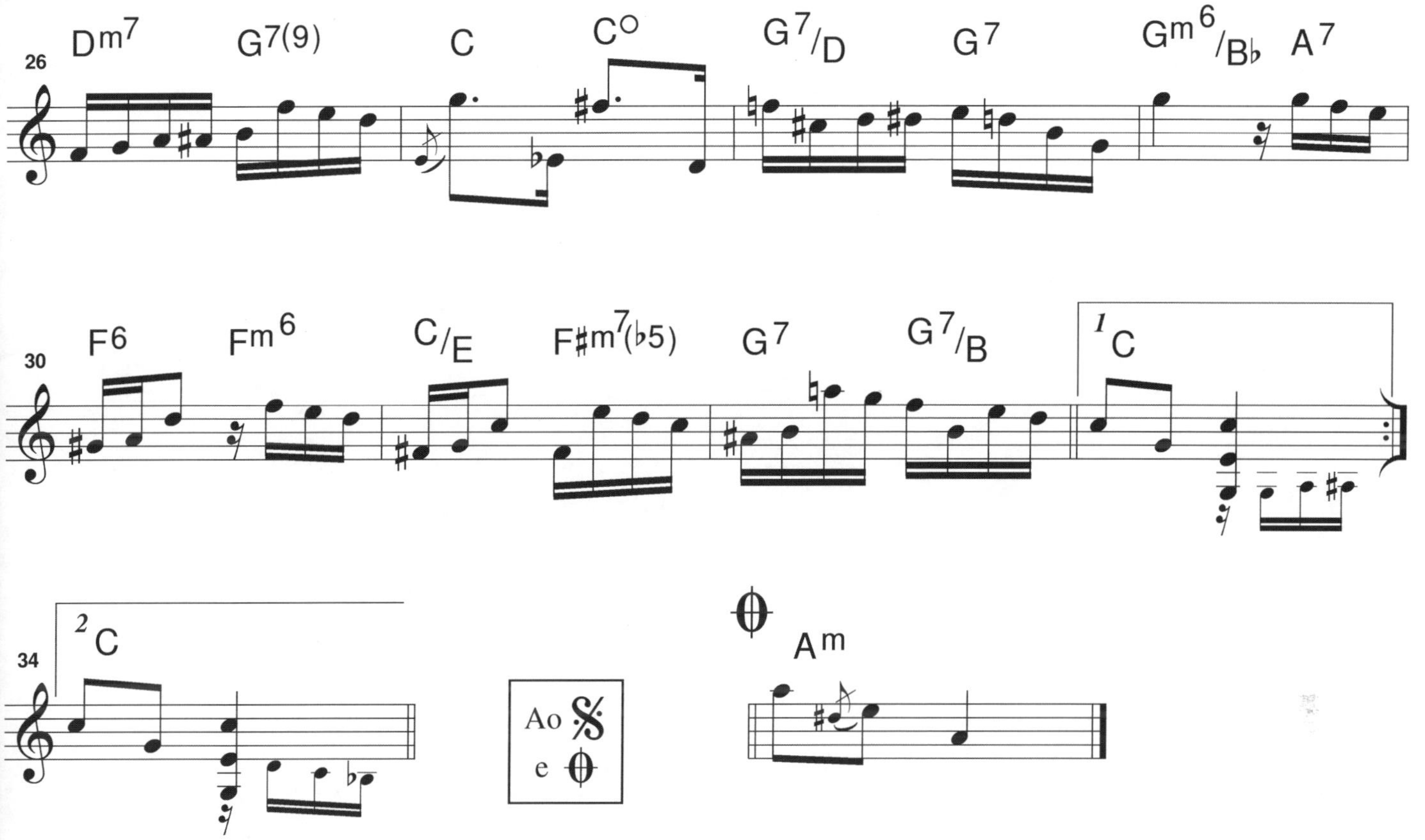
26
Dm7 G7(9) C C° G7/D G7 Gm6/B♭ A7
30
F6 Fm6 C/E F♯m7(♭5) G7 G7/B
1 C
34
2 C
Ao
e
Am

Luar no Arpoador

Valsa

Jacob do Bandolim

" Composta no Arpoador entre 1938 / 39 "

Maxixe na tuba

Maxixe

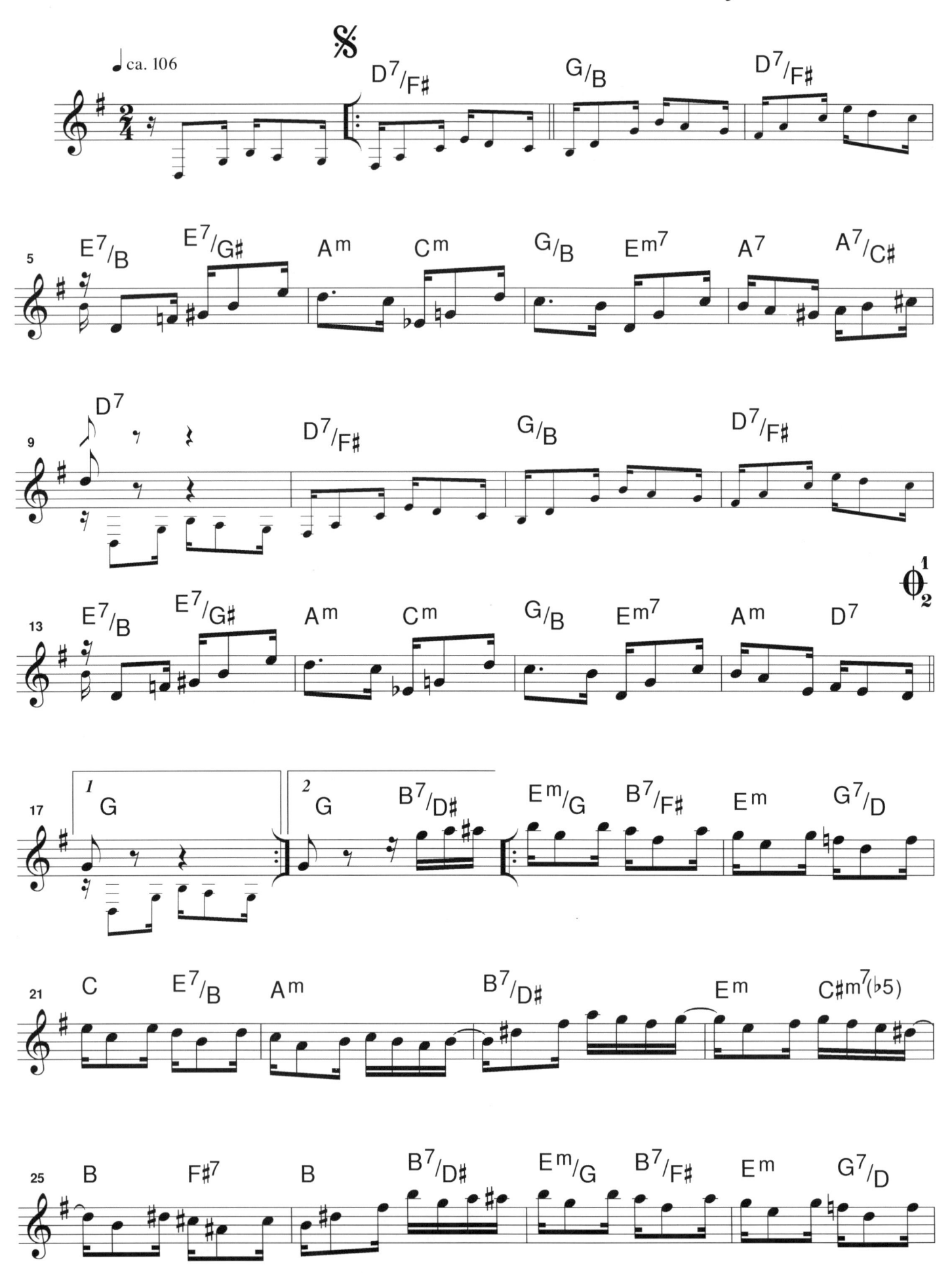

Jacob do Bandolim

29
C
E7/B
Am
B7/D♯
Em
C7
33
F
B7/D♯
1
Em
B7/D♯
2
Em
Ao 𝄋
e Φ1
Φ1
36
G
G7
C
D7
G7
C
41
E7
E7/G♯
Am
A7/C♯
D7
G7
45
C
G7/B
E7/G♯
Am
F7
E7
F
G7
50
C
Am7
Dm7
G7/B
1
C
2
C
Ao 𝄋
e Φ2
Φ2
54
G
D7/F♯
G
D7/F♯
ad libitum

Meu segredo

Samba

Jacob do Bandolim

35 F6 | 1 Gm C7 | 2 Cm/E♭ D7 | Gm | B♭m6/D♭
40 F/C | Cm/E♭ D7 | Gm | B♭m6/D♭ | F/C
45 A7/C♯ | Dm Dm/C | E7/B B♭7 | A7 A/G | Dm/F
50 B° | C/B♭ C7 | 1 F | Cm/E♭ D7
54 2 F | Gm C7 G♭7(♭5)
Ao 𝄋 e 𝄌
𝄌 F6 | Cm/E♭ D7
58 Gm | B♭m6/D♭ | F/C | D7
62 Gm | B♭m6/D♭ | F6 | ⁒ | F6
rall

Mexidinha

Polca

Jacob do Bandolim

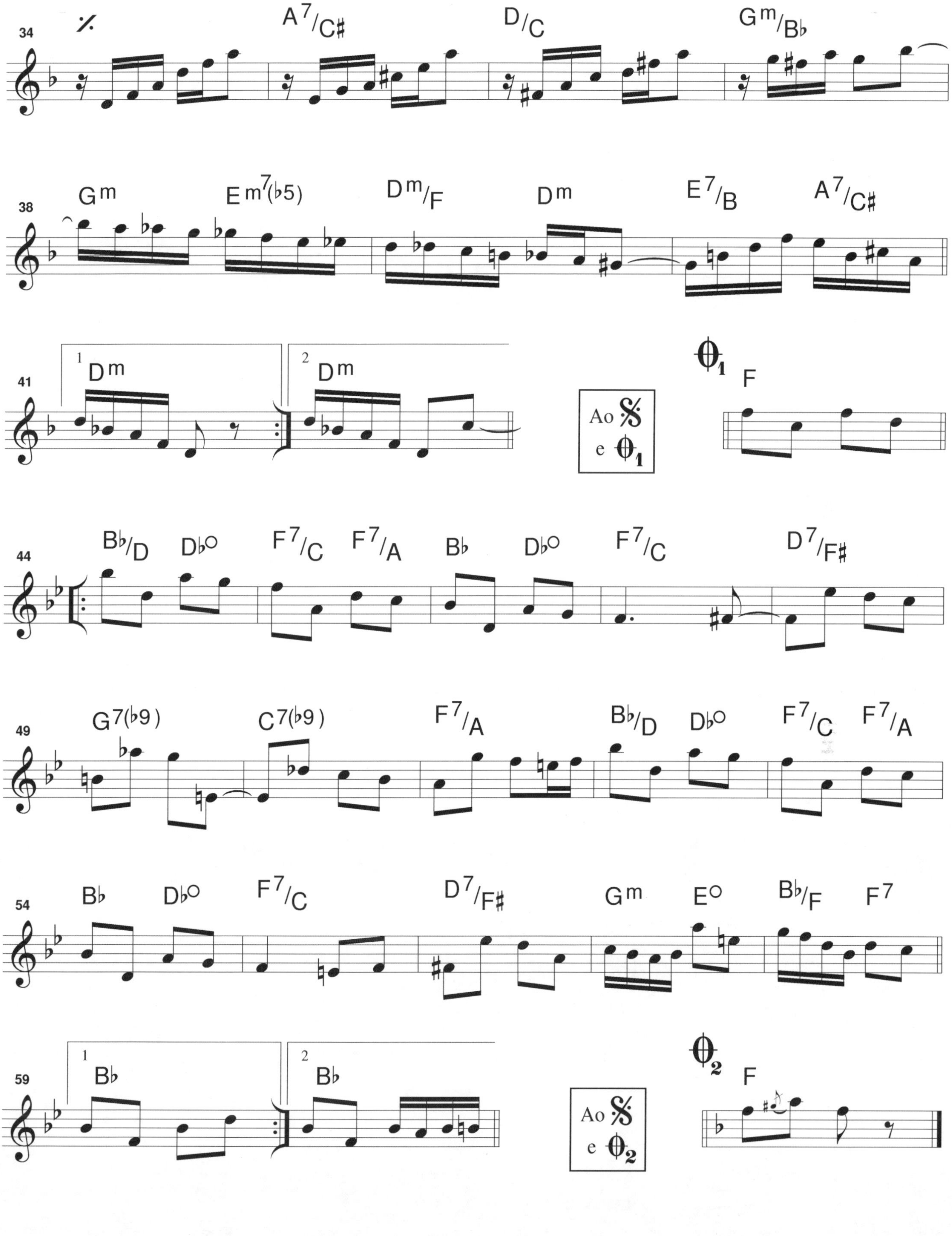
34
A7/C♯
D/C
Gm/B♭
38
Gm
Em7(♭5)
Dm/F
Dm
E7/B
A7/C♯
41
1 Dm
2 Dm
Ao 𝄋 e Φ1
Φ1
F
44
B♭/D
D♭o
F7/C
F7/A
B♭
D♭o
F7/C
D7/F♯
49
G7(♭9)
C7(♭9)
F7/A
B♭/D
D♭o
F7/C
F7/A
54
B♭
D♭o
F7/C
D7/F♯
Gm
Eo
B♭/F
F7
59
1 B♭
2 B♭
Ao 𝄋 e Φ2
Φ2
F

Mimosa

Polca

Jacob do Bandolim

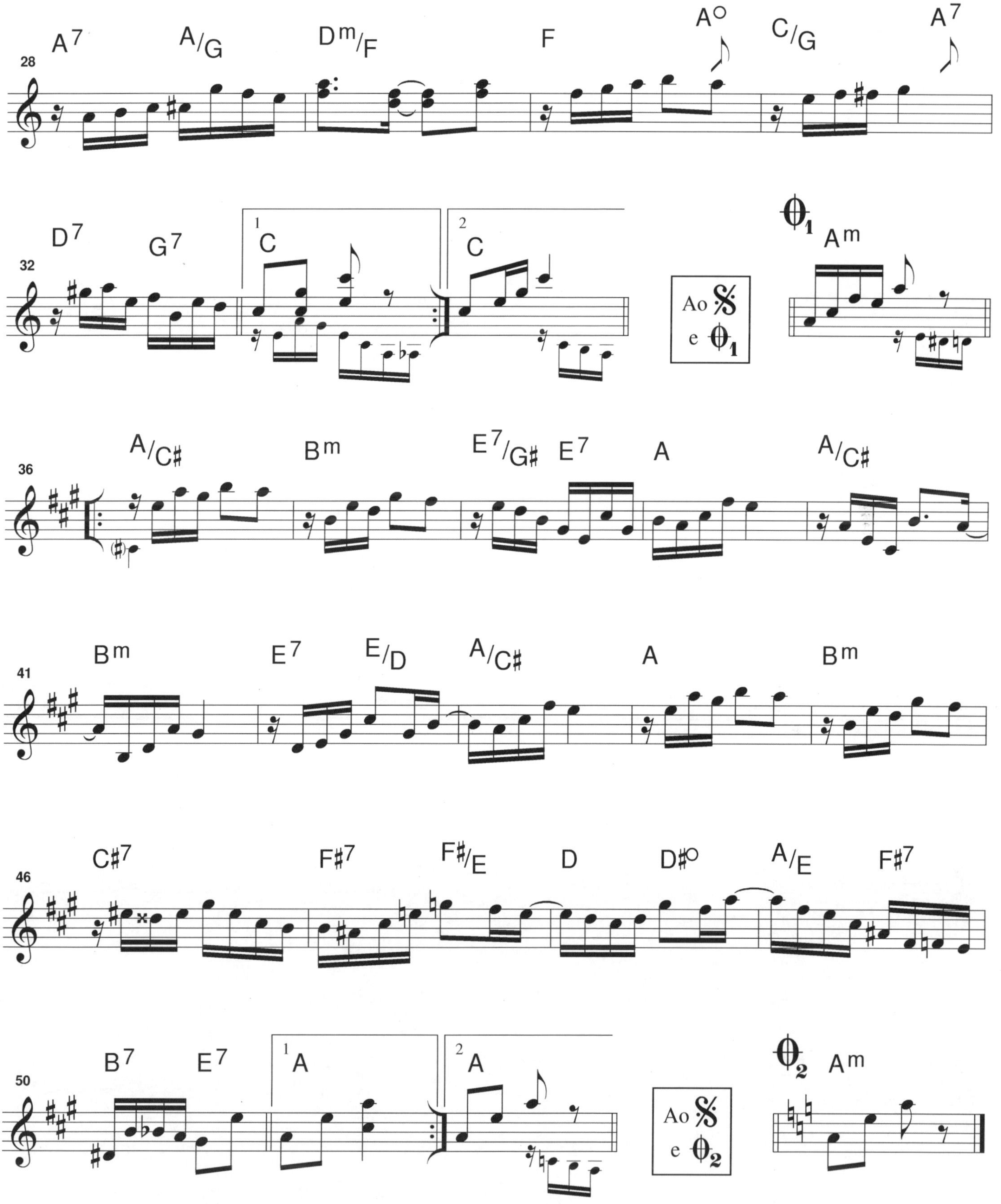
28
A7 A/G Dm/F F A° C/G A7
32
D7 G7 1 C 2 C
Ao 𝄋 e Φ1
Φ1 Am
36
A/C# Bm E7/G# E7 A A/C#
41
Bm E7 E/D A/C# A Bm
46
C#7 F#7 F#/E D D#° A/E F#7
50
B7 E7 1 A 2 A
Ao 𝄋 e Φ2
Φ2 Am

Mimoso

Choro

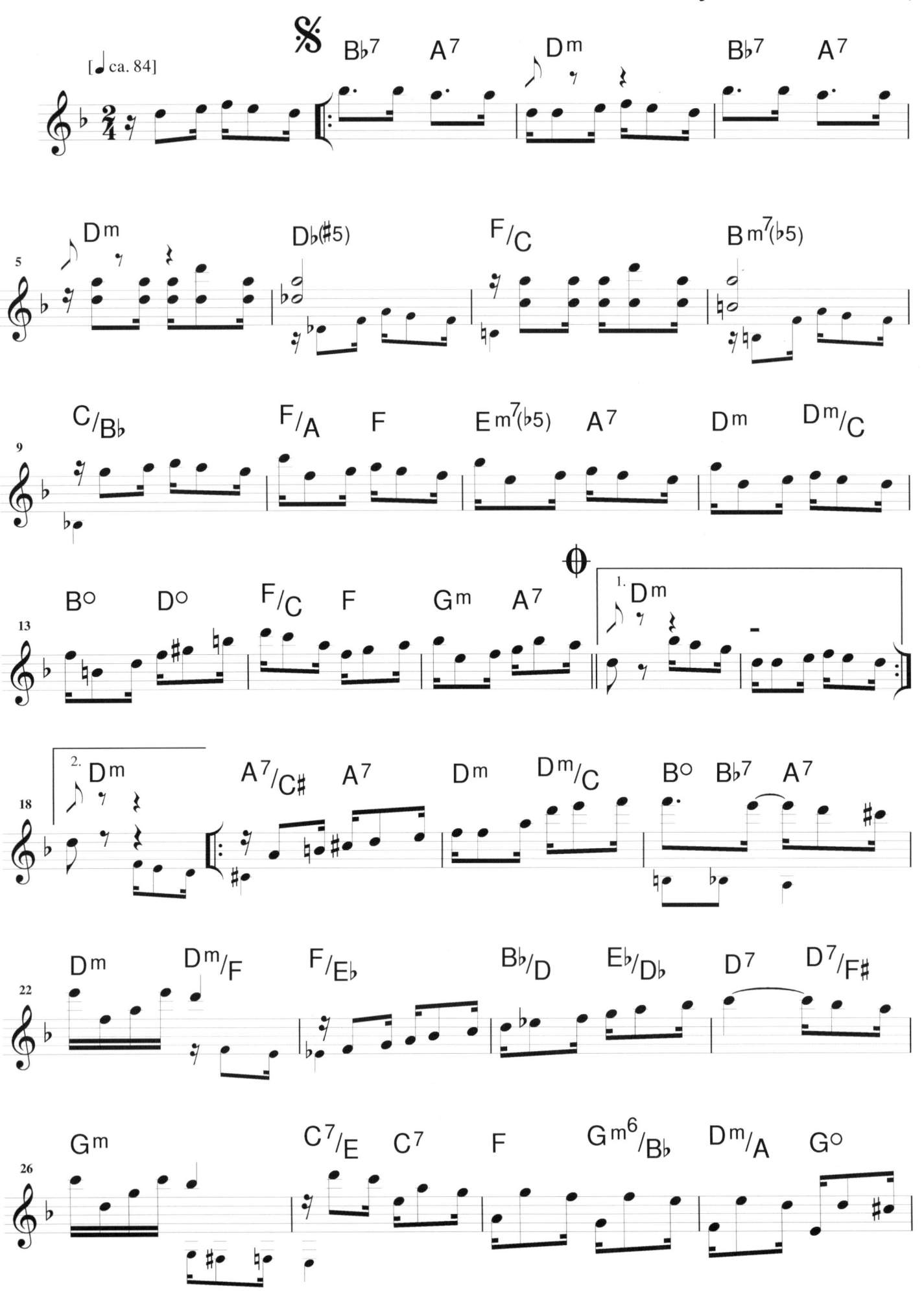

Jacob do Bandolim

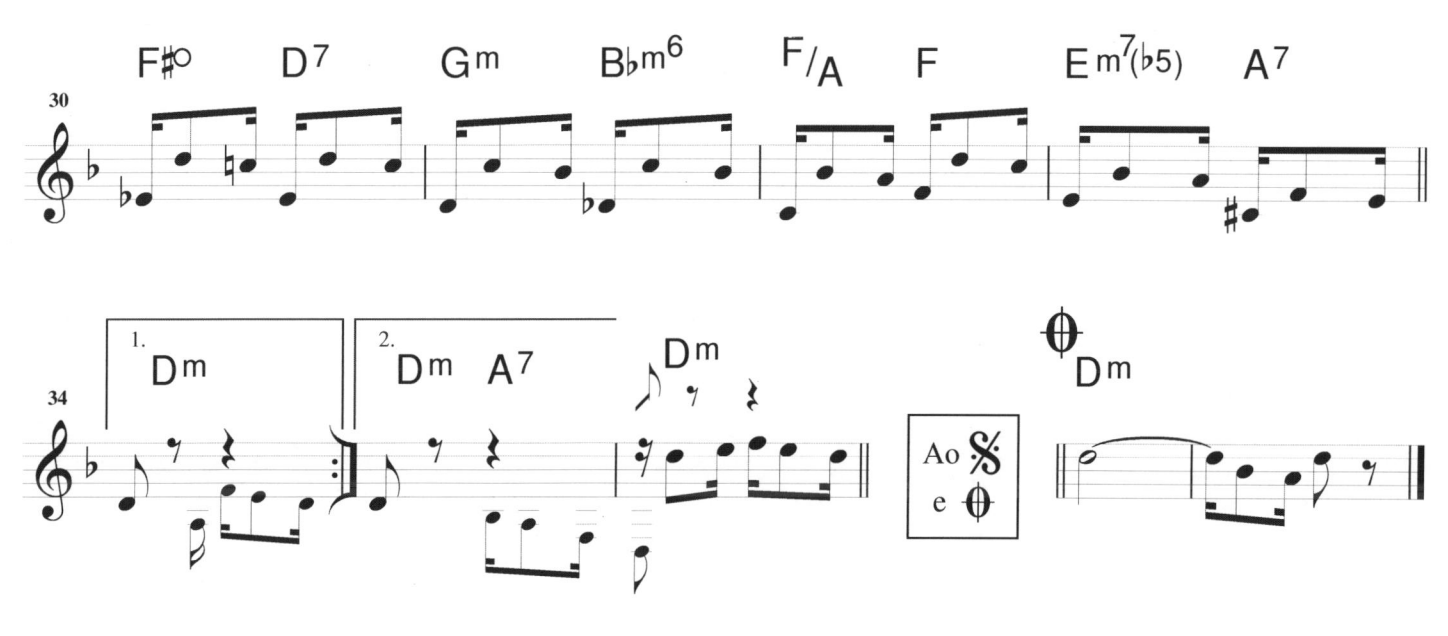

"27 / 01 / 39"

Minha saudade

Valsa   Jacob do Bandolim

33
Dm
Dm/C
E7/B
B♭7
A7
38
A7/C♯
Dm
A7
Dm
Bm7(♭5)
43
A/C♯
%
Bm7
E7
Em7
48
A7
Cm6
D7
F♯º
Gm
53
B♭m6
C7
Eº
F
57
Em7(♭5)
A7
Dm
Gm6
61
Dm/A
A7
Dm
D C
e FIM

Mulher vaidosa

Samba

Jacob do Bandolim
Torres Homem

[♩ ca. 78]

Lyrics:

Eu juro que tenho pe-na
De ver-te as-sim or-gu-lho-sa
Pois sen-do mo-ça e for-mo-sa
Não te lem-bras que és mu-lher
Só tem ser-vi-do de es-co-lhos
Pa-ra quem tan-to te quer
Não te lem-bras vai-do-sa

A tu-a bo-ca pe-que-na
To-do o ful-gor dos teus o-lhos
Não co-nhe-ces a can-du-

I
Eu juro que tenho pena
De ver-te assim orgulhosa
Pois sendo moça e formosa
Não te lembras que és mulher
A tua boca pequena
Todo o fulgor dos teus olhos
Só tem servido de escolhos
Para quem tanto te quer

II
Não te lembras vaidosa
Que a mocidade tem fim
Que não serás sempre assim
E que um dia hás de chorar
Quando passas radiosa
Não pensas nos desenganos
Que chegam junto com os anos
Para esse orgulho acabar...

II
Não conheces a candura
Que existe num doce beijo
Que mata todo o desejo
N'uma aleluia de amor
És falsa, és má, és perjura
Teu coração é de pedra
Onde a bondade não medra
Onde o pecado é senho

No retiro do João

Choro

Jacob do Bandolim

"Em 07 / 09 / 63"

Nosso romance

Choro

Jacob do Bandolim

36 C C/B♭ C7 F F#° Em/G
41 A7 A7/C# Dm Dm/C G7/B G7 C
45 G7(#5) C Dm C#°
49 Dm G7 C B7
53 Em A7/C# Dm E7/G#
57 Am F#° C/G Am7 Dm7 G7
61 C C G7(#5)
Ao 𝄋 e 𝄌
64 C Fm6/A♭ C Fm6/A♭ C
rall

Novos tempos

Choro

Jacob do Bandolim

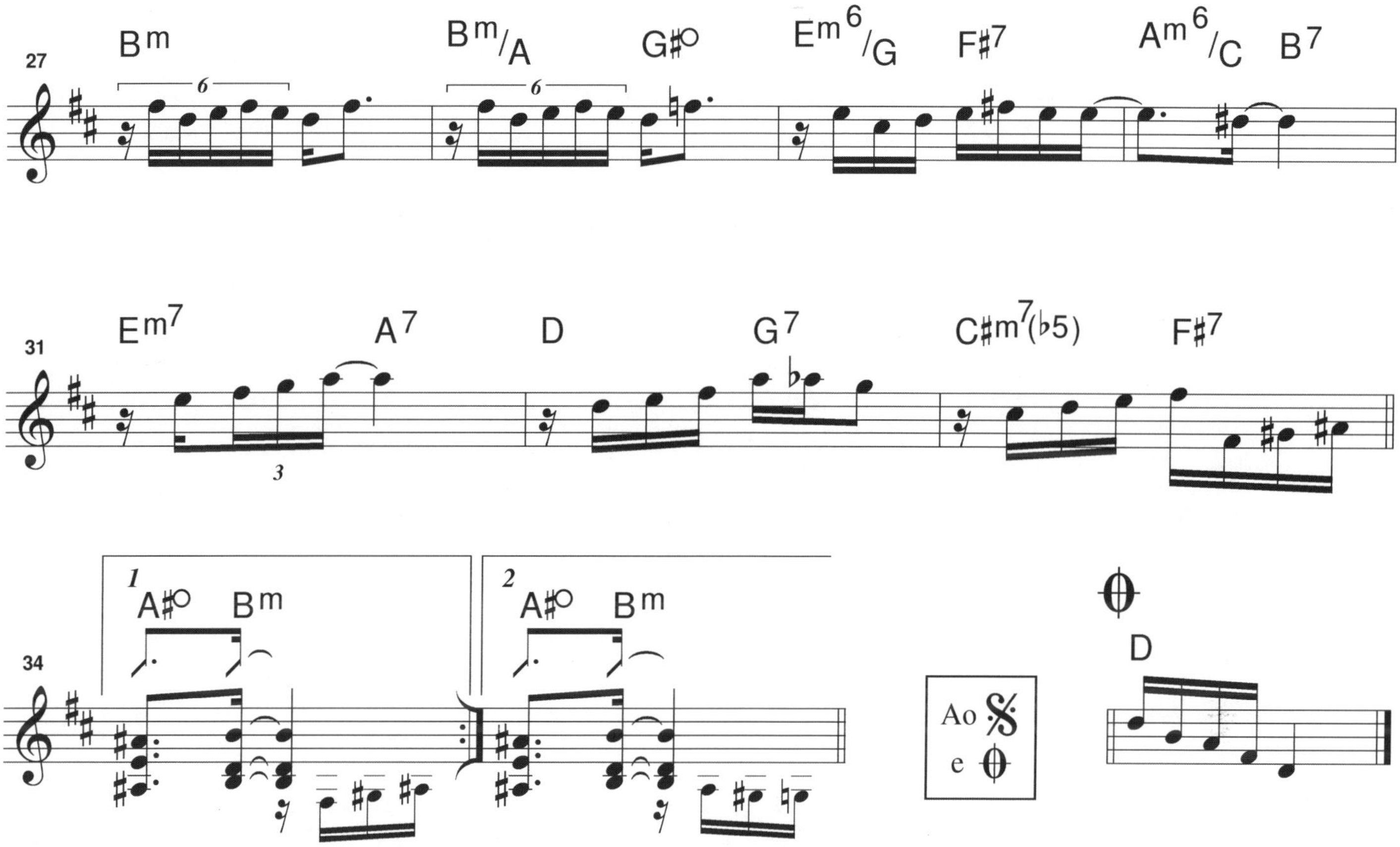
27
Bm
Bm/A
G#o
Em6/G
F#7
Am6/C
B7
31
Em7
A7
D
G7
C#m7(b5)
F#7
34
1
A#o
Bm
2
A#o
Bm
Ao
e
D

Orgulhoso

Choro — Jacob do Bandolim

49 C E7/G♯ Am E7/B Am/C A7/C♯ Dm A7/E
54 Dm/F B7 Bm7(♭5) E7 Em7(♭5)
60 A7(♭9) Dm Dm Bm7(♭5) Am B7 E7
65 Am E7 1 Am 2 Am G7
DC e 𝄌1
68 C C7 F6 C7/G F/A D♭7
73 D♭7(♯5) F6 D7
78 Gm C7 F6 Dm7 A7 A/G
84 Dm/F Dm B° A♭° F/A
89 D7 G7 B♭m6 C7 F C7/G
93 1 F C7 2 F G7
DC e 𝄌2
C

Para encher tempo

Choro

Jacob do Bandolim

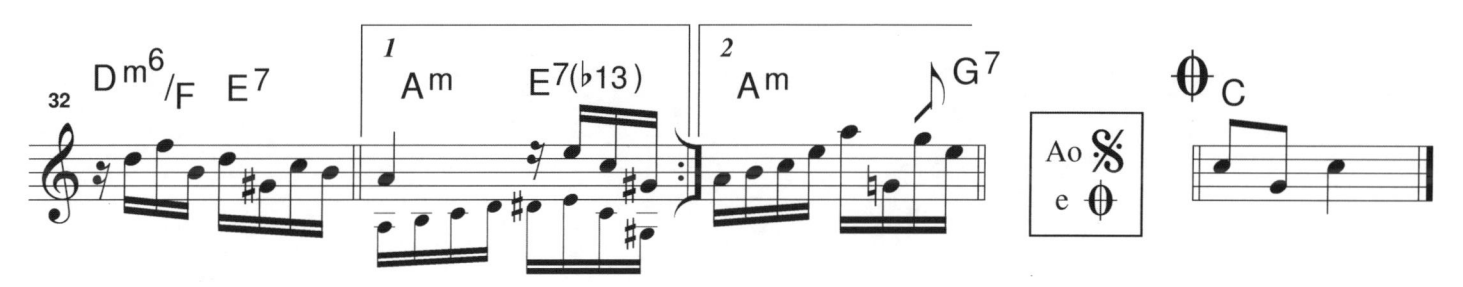

" 02 / 09 / 61
São Paulo
Casa do Rossi "

Pensando em você

Tango-canção

Jacob do Bandolim
Henrique Orcinoli

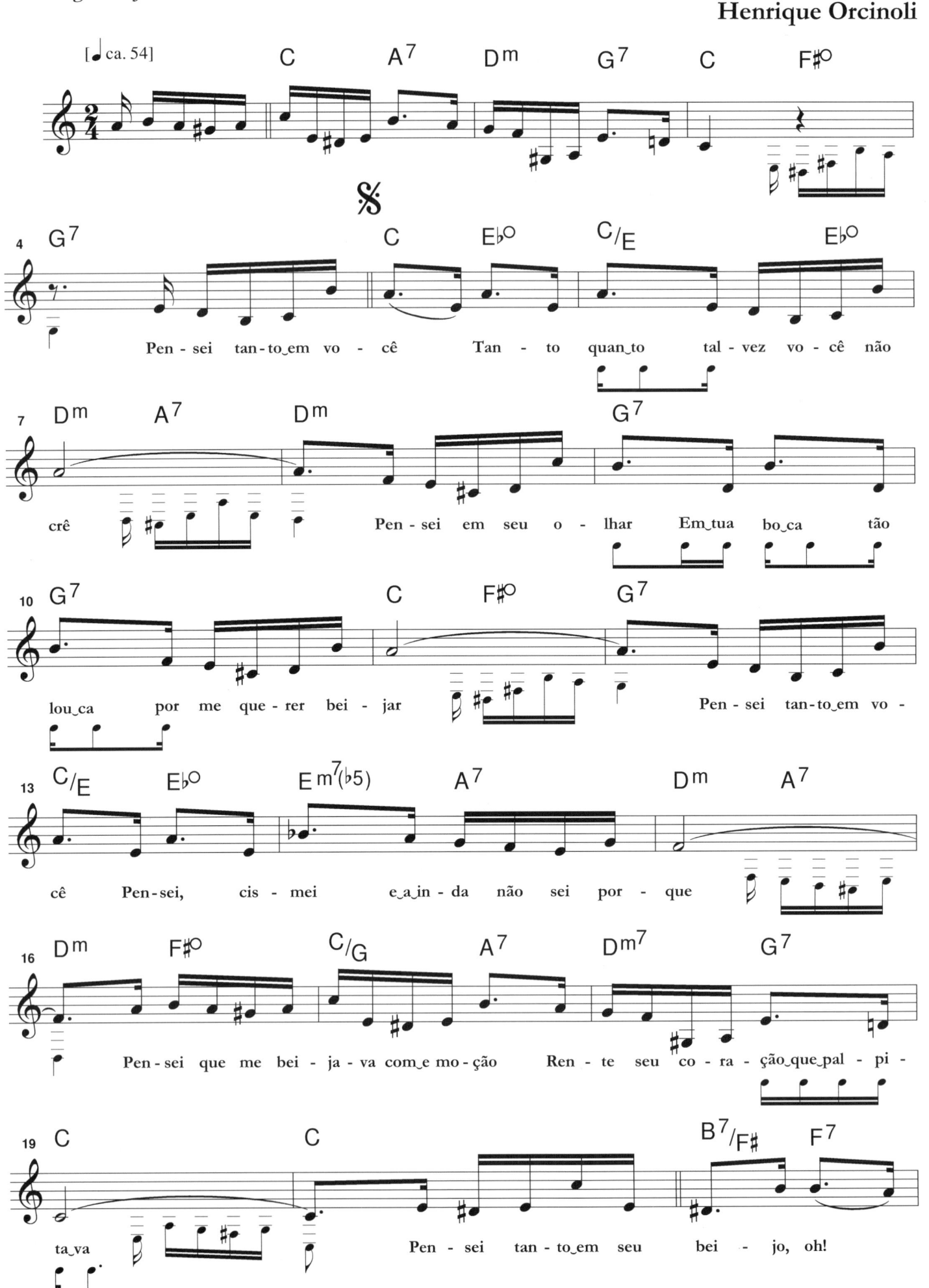

Pen - sei tan - to em vo - cê Tan - to quan - to tal - vez vo - cê não crê Pen - sei em seu o - lhar Em tua bo - ca tão lou - ca por me que - rer bei - jar Pen - sei tan - to em vo - cê Pen - sei, cis - mei e a in - da não sei por - que Pen - sei que me bei - ja - va com e mo - ção Ren - te seu co - ra - ção que pal - pi - ta - va Pen - sei tan - to em seu bei - jo, oh!

Pensei tanto em você
Tanto quanto talvez você não crê
Pensei em seu olhar
Em sua boca tão louca por me querer beijar
Pensei tanto em você
Pensei, cismei e ainda não sei porque
Pensei que me beijava com emoção
Rente seu coração que palpitava...

Pensei tanto em seu beijo, oh! Flor!
Louco de desejo
Pensei tanto em seus olhos lindos
Que são meus escolhos
Pensei tanto... e não crê
Nesse sonho estupendo
Que amando e sofrendo
Só penso por você

"Escrito em 17 de Agosto de 1937"

Pérolas

Choro

Jacob do Bandolim

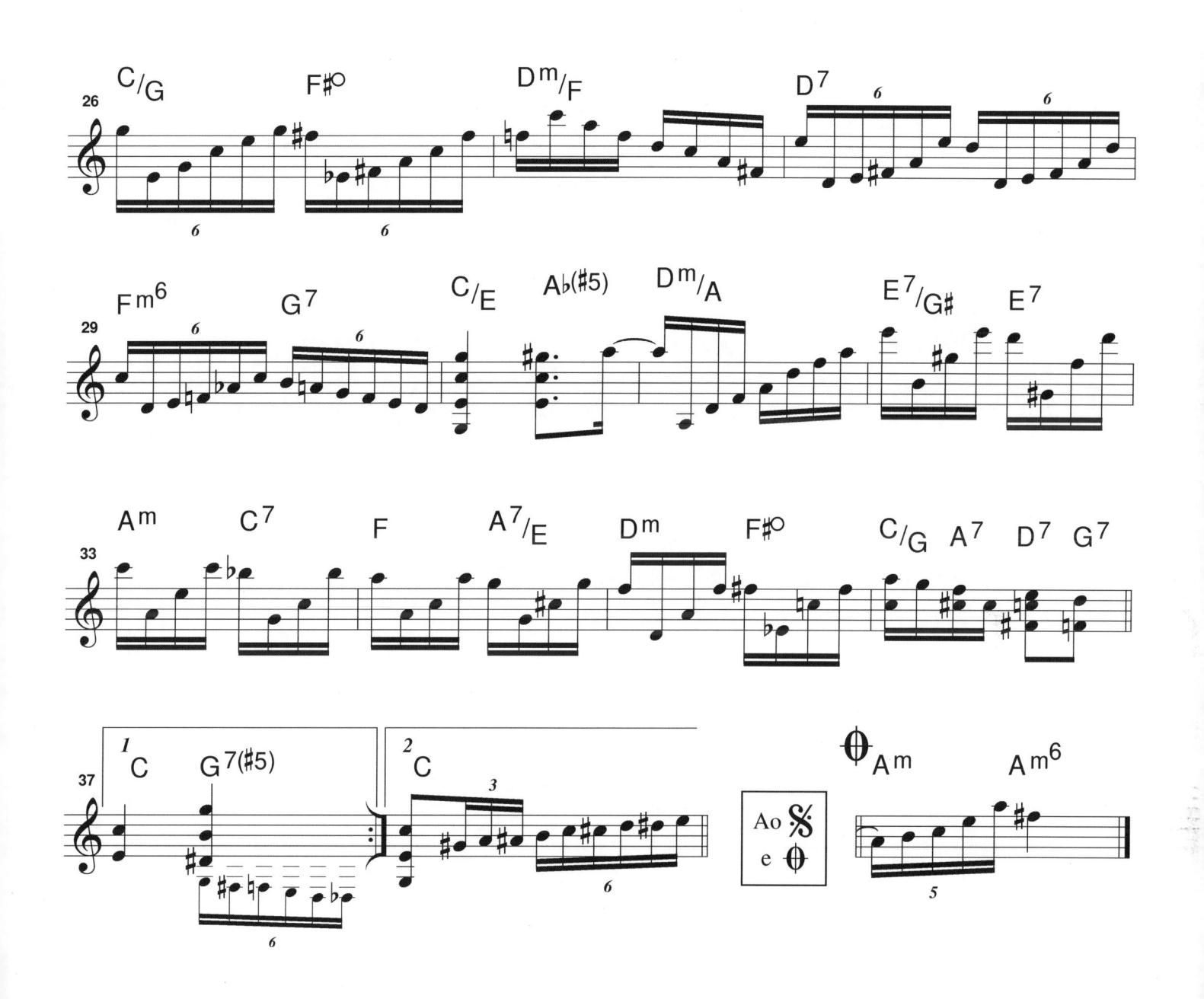

"I - 06 / 03 / 77 Casa do Rossi
Fim - 05 / 06 / 66 em casa"

obs: dedicado a Antônio de Freitas Oliveira (Sr. Ioiô).

Por que sonhar ?

Choro

Jacob do Bandolim

32 B♭ E7/B E7 Am D7 D7/F♯
36 Gm B♭m6 C7 F E♭° D7
40 Gm G♯° F/A Dm7 G7 G/F
43 C7/E Dm/F A7/E Dm D/C Gm/B♭ G7
47 C7 Gm G♯° F/A Dm7
50 Gm G7/B C7 Dm/F A7/E
53 Dm B♭ B° F/C C7 F
Ao 𝄋 e 𝄌
56 F F/E♭ B♭/D B♭m/D♭ F/C F/E♭ B♭/D B♭m/D♭ F

Pra você

Choro

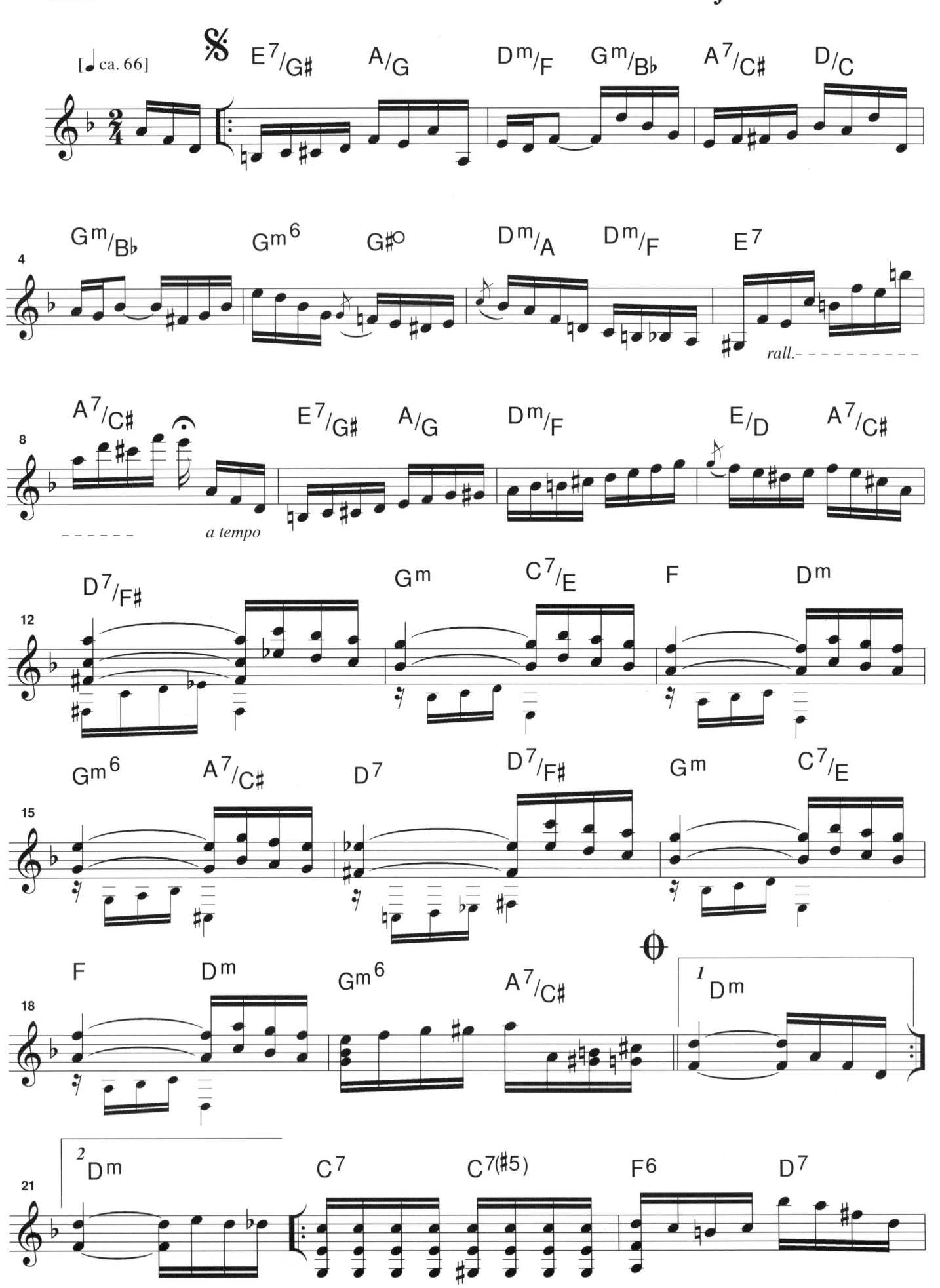

Jacob do Bandolim

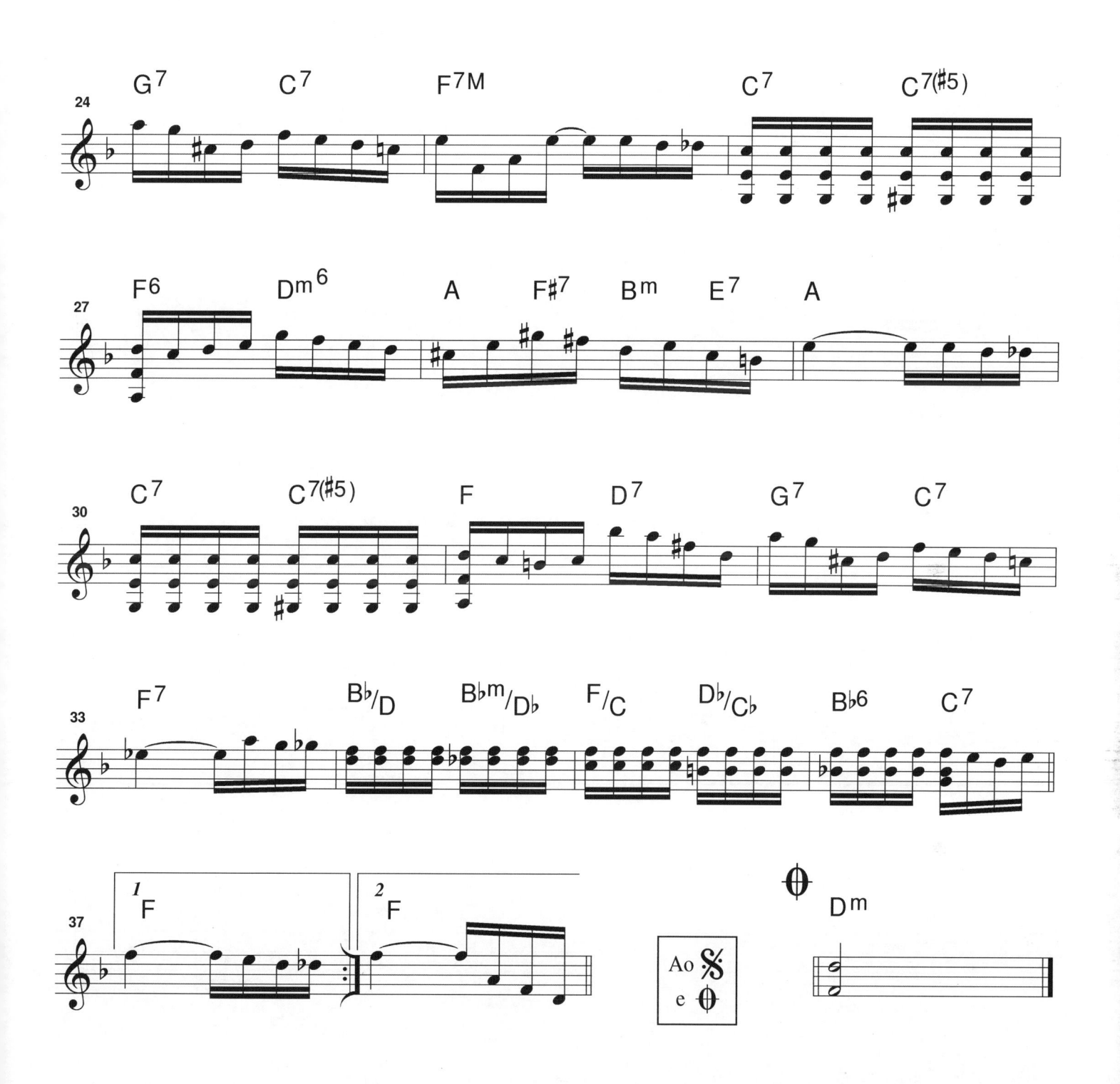

" Ao Amigo Heitor Avena de Castro , meu intérprete preferido,
as homenagens do Jacob Bittencourt.
Brasília , 20 / 03 / 68 "

Primas e bordões

Choro

Jacob do Bandolim

"Em 01/09/63"

Quebrando galho

Choro

Jacob do Bandolim

"23 / 12 / 62
Em casa"

Remeleixo

Choro
Jacob do Bandolim

"Ao voltar à 1ª parte, podem ser feitas estas variações"

(violão solo)

(bandolim)

Reminiscências

Choro

Jacob do Bandolim

28 A7/C# Dm F6 Fm6/Ab C/G Ebo
32 G7/D G7 1 C 2 C E7
Ao 𝄋 e Φ1
Φ1
35 Am A/C# A A/C# Co
39 Bm Bm/D E7 E7/G#
43 Co E7 A/C# A A/G
47 D/F# D D#o A/E F#7 Bm E7/G#
51 1 A E7 2 A E7
Ao 𝄋 e Φ2
Φ2 Am

Sai do caminho

Frevo

Jacob do Bandolim

32
G♯°
A7
A7/C♯
D7
36
Gm
C7/E
F
B♭
F
40
Gm
C7
F
C7/G
D7/A
44
Gm/B♭
B°
F/C
Dm
Gm/B♭
C7
1 F
48
2 F
Ao
e
F

Saltitante

Choro

Jacob do Bandolim

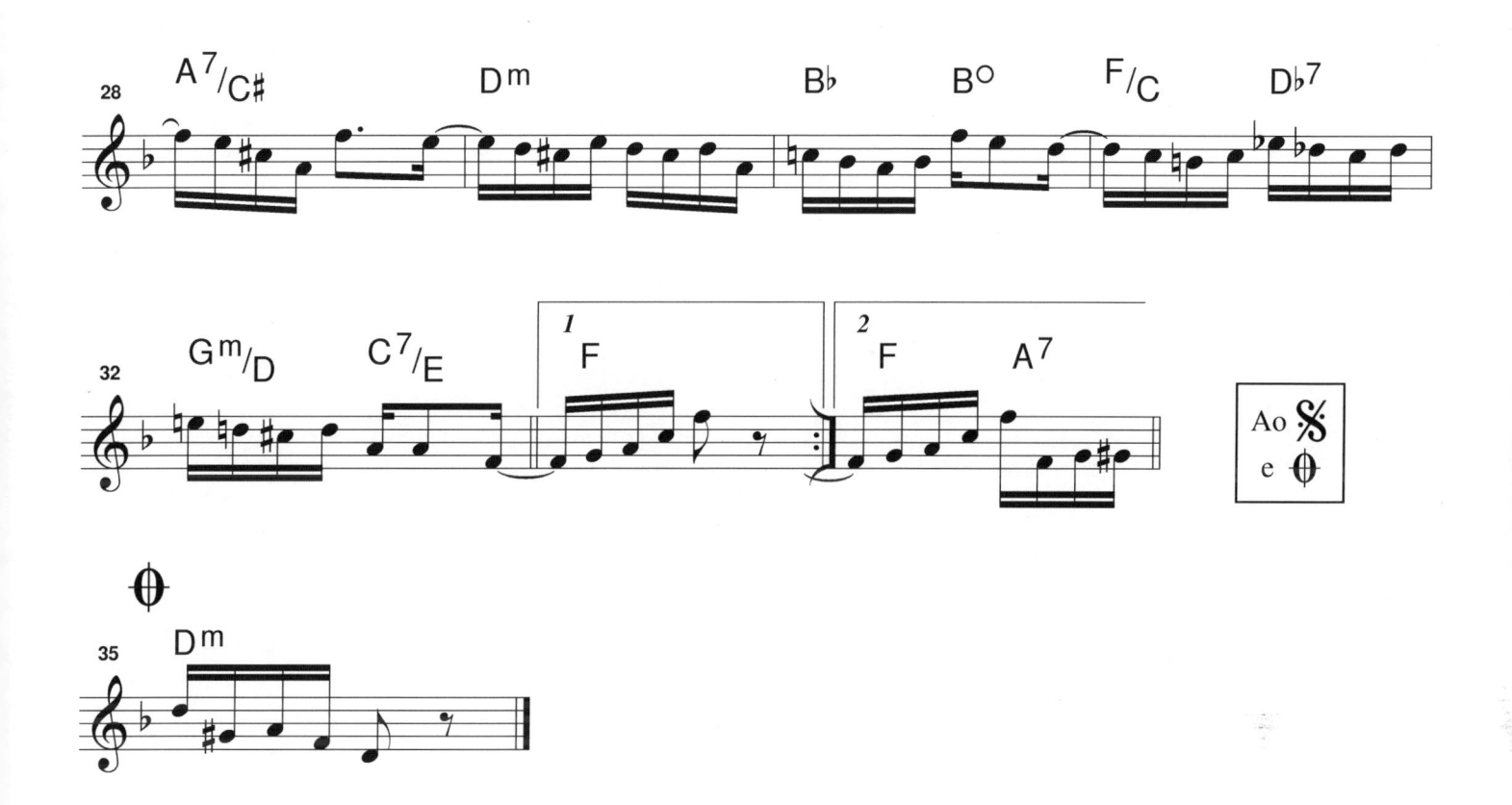

" Composto em 02 / 11 / 1960 , as 5 hs da manhã "

Santa morena

Valsa
Jacob do Bandolim

♩ ca. 240 - ♩. ca. 80

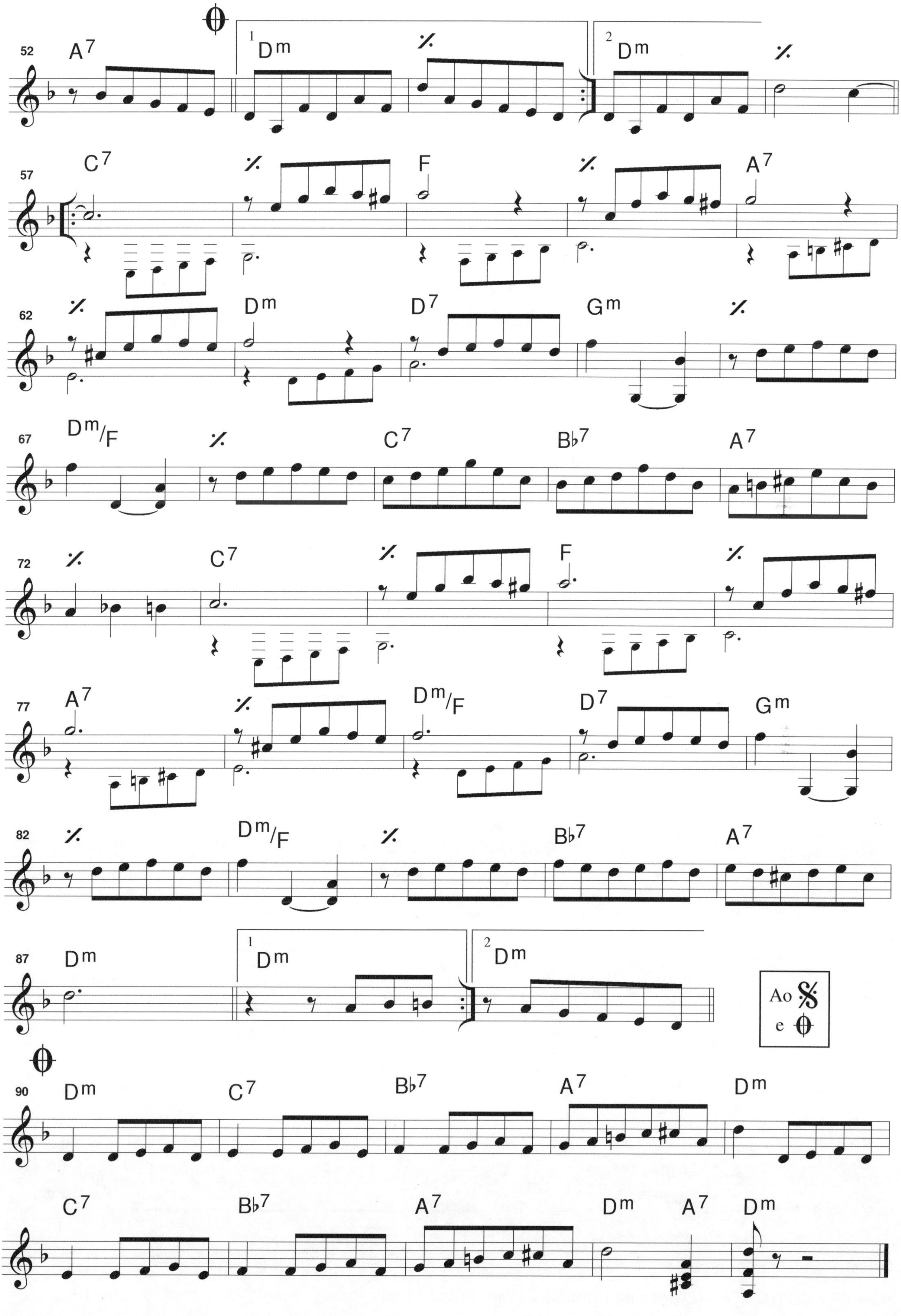
52 A7 1 Dm ⁒ 2 Dm ⁒
57 C7 ⁒ F ⁒ A7
62 ⁒ Dm D7 Gm ⁒
67 Dm/F ⁒ C7 B♭7 A7
72 ⁒ C7 ⁒ F ⁒
77 A7 ⁒ Dm/F D7 Gm
82 ⁒ Dm/F ⁒ B♭7 A7
87 Dm 1 Dm 2 Dm
Ao 𝄋
e 𝄌
90 Dm C7 B♭7 A7 Dm
C7 B♭7 A7 Dm A7 Dm

Sapeca Iaiá

Choro

Jacob do Bandolim

E7 E/D Am/C Am F♯m7(♭5) Em
28
B7/D♯ 1 Em 2 Em D7
32
Ao 𝄋 e 𝄌1
𝄌1
G G7 G7/B C C/E E7 E7/G♯
35
Am Am/C F Fm6/A♭ C G7/D G7
39
F♯○ C/G G7 G7/B C C/E E7 E7/G♯
43
Am Am/C F Fm6/A♭ C G7/D G7
47
1 C 2 C D7
51
Ao 𝄋 e 𝄌2
𝄌2 G
6

Saracoteando

Polca Jacob do Bandolim

" Polca . Casa de Voltaire - 1954 . Improviso "

113

Saudade

Samba-Canção

Versão - F

Jacob do Bandolim

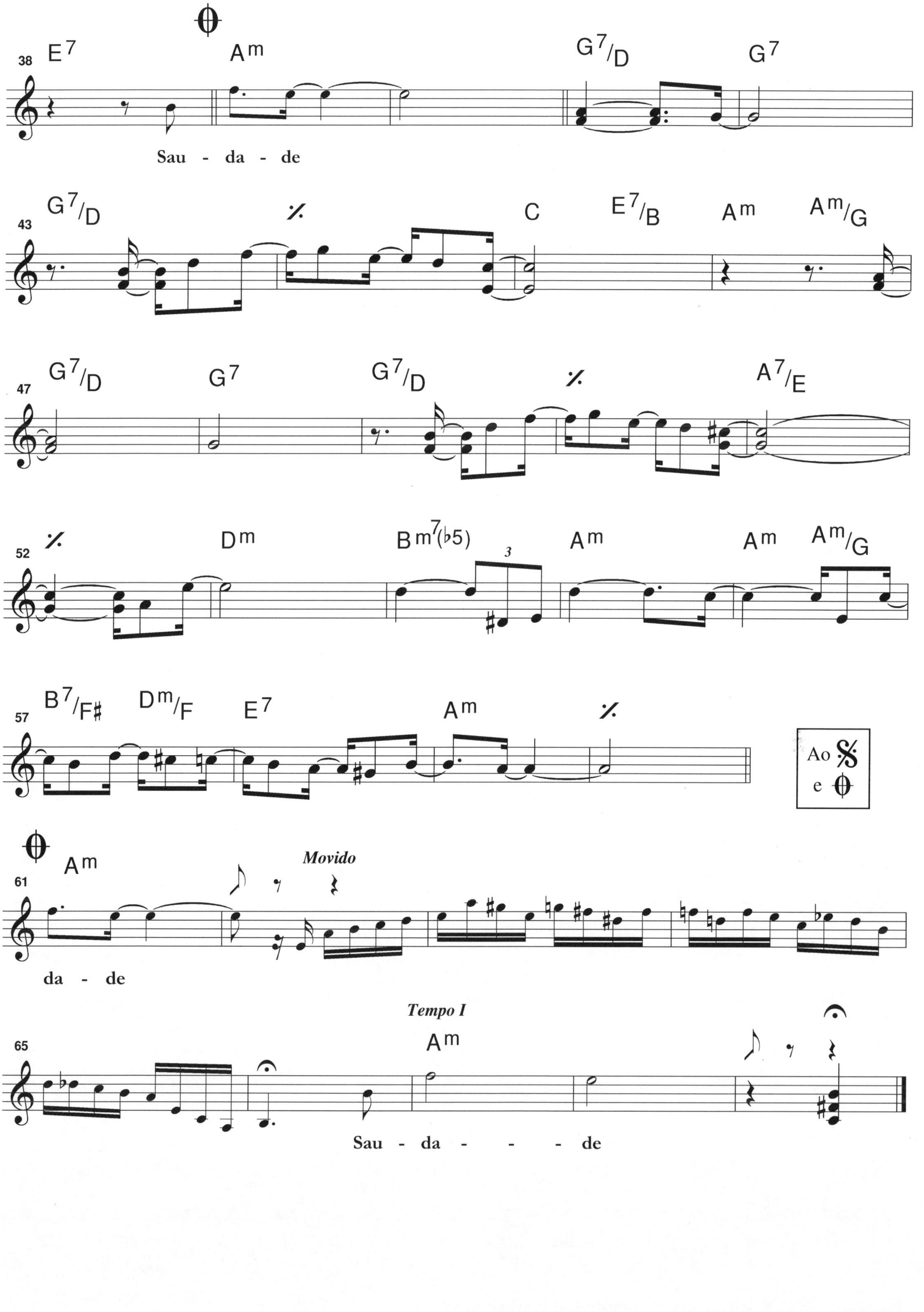
E7 Am G7/D G7
Sau - da - de
G7/D C E7/B Am Am/G
G7/D G7 G7/D A7/E
Dm Bm7(b5) Am Am Am/G
B7/F# Dm/F E7 Am
Ao 𝄋 e 𝄌
Am
Movido
da - de
Tempo I
Am
Sau - da - - - de

Saudade

Samba-Canção

Jacob do Bandolim

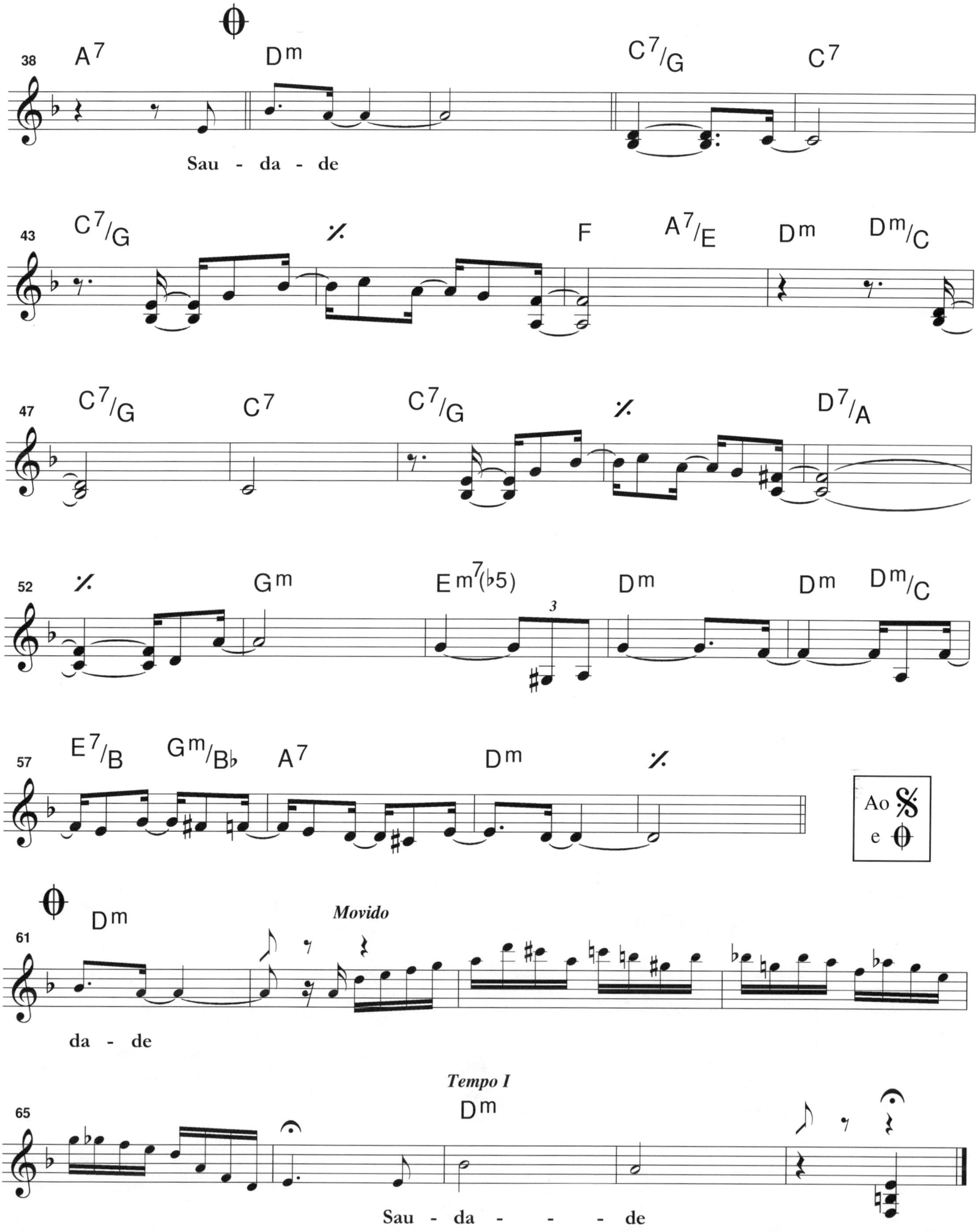
38 A7 Dm C7/G C7
Sau - da - de
43 C7/G ⁒ F A7/E Dm Dm/C
47 C7/G C7 C7/G ⁒ D7/A
52 ⁒ Gm Em7(♭5) Dm Dm Dm/C
3
57 E7/B Gm/B♭ A7 Dm ⁒
Ao 𝄋 e 𝄌
61 Dm Movido
da - de
Tempo I
65 Dm
Sau - da - - - - de

Sempre teu

Choro

Jacob do Bandolim

28
D7/F♯ D7 Gm Gm6/B♭ Em7(♭5) Dm/F
32
Em7(♭5) A7
1 Dm
2 Dm
Ao 𝄋 e Φ1
Φ1
35
Dm D/F♯ Bm7 E7 A7
39
F° D/F♯ D Bm6 F♯m/C♯ C♯7/E♯ C♯7
43
F♯m A7 D Bm7 E7 A7
47
G7 F♯7 F♯/E F♯7 Bm G D/A A7
51
1 D A7
2 D
Ao 𝄋 e Φ2
Φ2 Dm

Sereno

Choro
Jacob do Bandolim

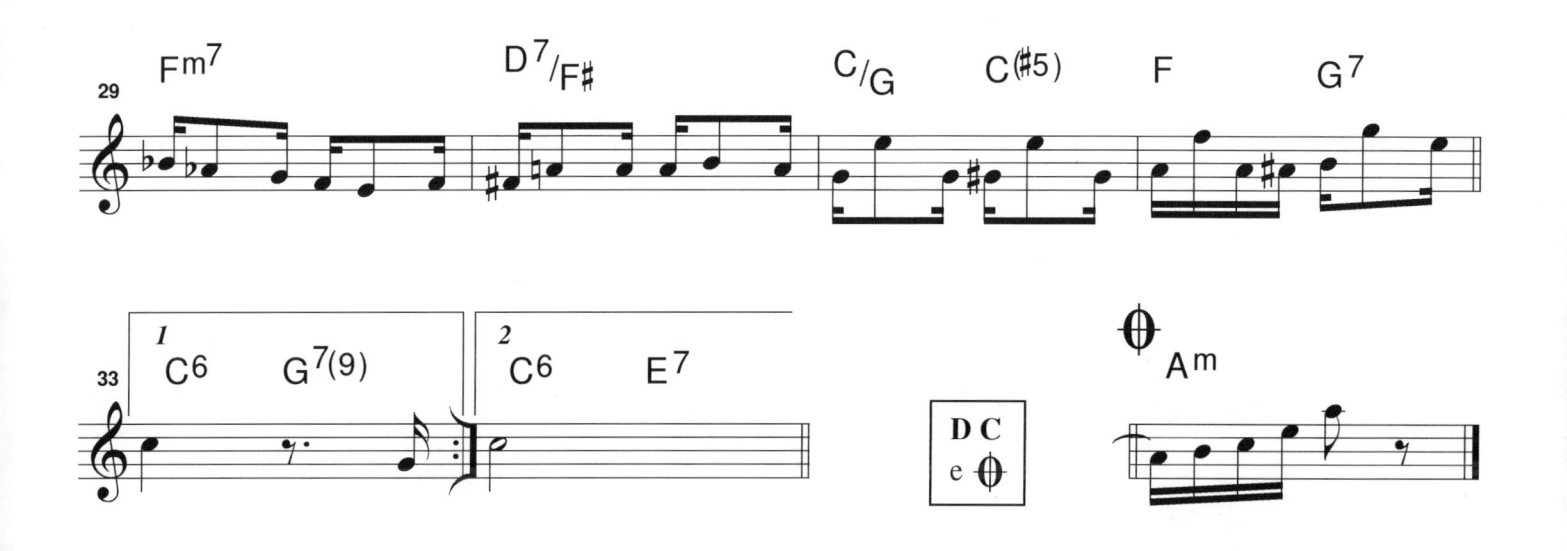

Simplicidade

Choro

Jacob do Bandolim

50 F♯7 F♯/E Bm/D Bm Bm/A Em6/G
54 F♯7 Cm6 B7 B/A Em/G Em6/G
59 Bm/F♯ Bm C F♯7/A♯ F♯7 Bm B♭7
64 A7 A7(♯5)
DC e
D G♯° D7/A D7/A A♯°
68 G/B G B♭° Am D7/A A♯° G/B
73 G G♯° D7/A D7/A A♯° G/B Em6
78 Bm/F♯ C♯7/G♯ F♯7 Bm B♭° Am G♯° D7/A
83 D7/A A♯° G/B G B♭° Am D7/A
88 G7/B G/F C/E Cm6/E♭ G
93 E7 A7 A♭7 G6 1
98 2 A7 A♭7 G

Treme-treme

Choro

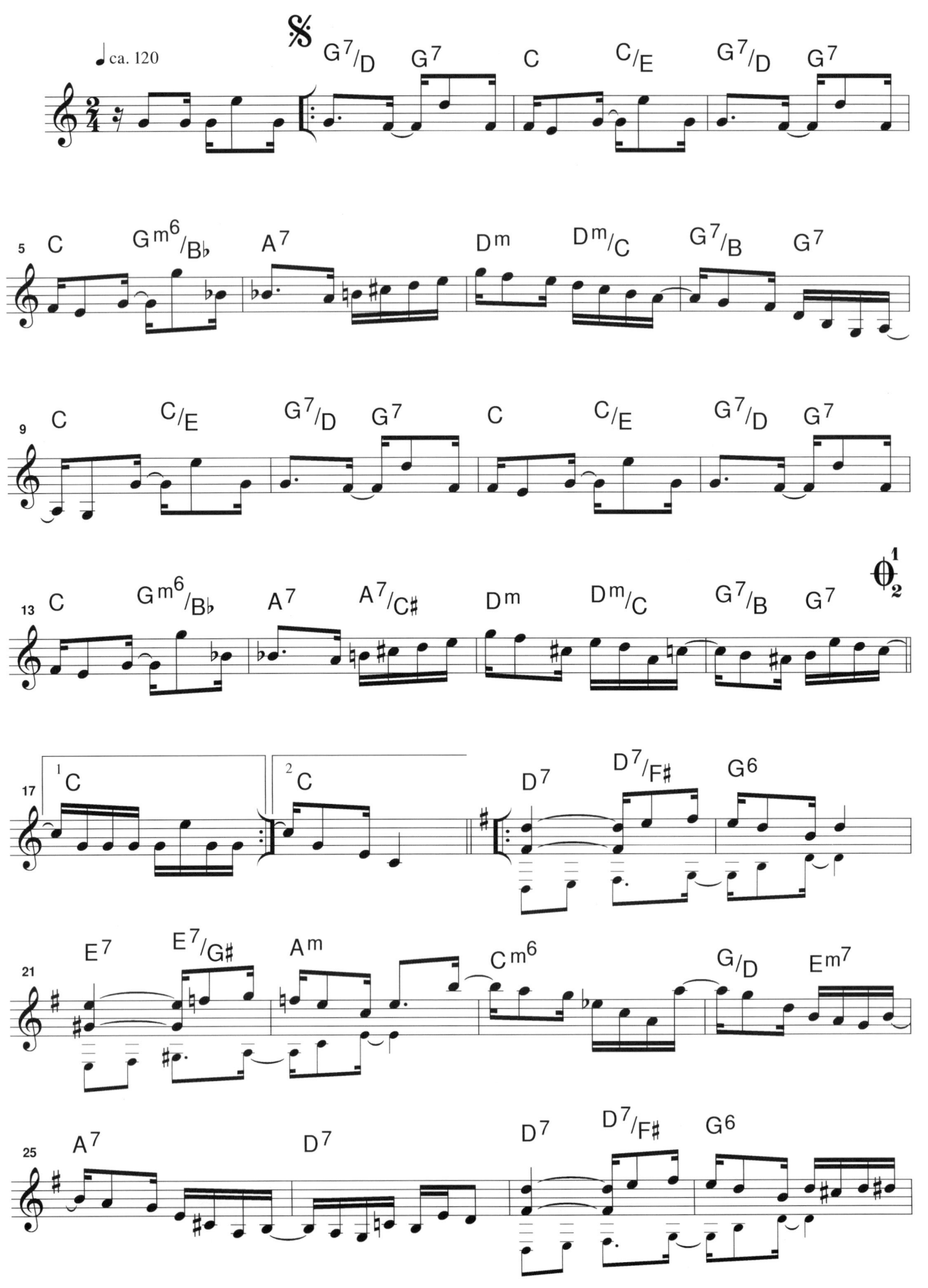

Jacob do Bandolim

obs: primeira gravação solo de Jacob, inspirado no doce manjar.

Um bandolim na escola

Samba Jacob do Bandolim

D7 G B♭o Am
B♭o G Am D7 G D7
G D7 G
G7 C
G E7 Am
D7 G D7
14
Percussão
Ao 𝄋 e 𝄌
G G6
5
Percussão
ad libitum

Vascaíno

Choro

Jacob do Bandolim

obs: dedicado ao seu filho Sérgio Bittencourt que era vascaíno.

Velhos tempos

Choro

Jacob do Bandolim

29 G7/D G7 G7/D G7 C Em
33 B7/F♯ B7 Em A7 Dm G7
37 G7/D G7 G7/D G7 C B♭7 A7 E♭7/B♭ D7/A
41 A♭7 G7 D♭7 C C
45 A7 Dm D♯°
49 C/E A7 Dm G7 1 C C
53 2 C E7
Ao 𝄋 e 𝄌
𝄌 Am Dm E7
57 Am Am

Vibrações

Choro

Jacob do Bandolim

obs: dedicado a João Dormund, em 26/03/1964.

Vidinha boa

Mazurca

Jacob do Bandolim

obs: ♫ deve ser tocado ♩♪₃

♩. ca. 200

"Ô vidinha boa!"

"Ô ventinho encanado!"

Copyright © 1977 by UNIVERSAL MUSIC PUBLISHING MGB BRASIL LTDA

"Cuidado prá não cair da rede!"

ad libitum

Vigília

Valsa

Jacob do Bandolim

[♩ ca. 160]

Cm C7 C7/G E♭m6/G♭ F7
B♭7/F E♭m A♭7 D♭7 G♭
E♭m A♭7 D♭7 G♭7 B♭7/F E♭m
Cm7(♭5) B♭/F F7 B♭ %
D C
e ⊕
D7 D/C G/B B♭° Am7
D7/F♯ G6 E7/G♯ Am7 Cm6 G/B
B♭° Am7 D7/F♯ G G G°
A♭ A° B♭ B° C7 C♯°
D7 D7/F♯ Cm6/E♭ Cm6 G/B
Em7 A7 D/C A°/G G
D C
e FIM